Kognitives Athletiktraining

Reihe herausgegeben von

Daniel Memmert , Institut für Trainingswissenschaft und Sportinformatik, Deutsche Sporthochschule Köln, Köln, Nordrhein-Westfalen, Deutschland

Die Buchreihe *Kognitives Athletiktraining* informiert in praxisorientierten und wissenschaftlich fundierten Einzelbänden über die Durchführung eines kognitiven Athletiktrainings in verschiedenen Sportarten. Jeder Reihentitel greift eine spezifische Sportart auf und beantwortet die übergeordnete Frage: „Mit welchen Spiel- und Übungsformen kann die Kognition parallel zu Athletik und Kondition trainiert werden?" Dabei stehen kognitive Fähigkeiten wie z. B. Wahrnehmung, Kreativität, Antizipation und Aufmerksamkeit sowie konditionelle Fähigkeiten wie Kraft, Ausdauer, Schnelligkeit und Koordination im Fokus.

Die Bücher sind didaktisch-methodisch ausgelegt, enthalten viele Beispiele und überzeugen durch eine kompakte und übersichtliche Aufmachung im Theorieteil. Zahlreiche Fotos und Abbildungen erleichtern die Umsetzung der verschiedenen Spiel- und Übungsformen im Praxisteil, der den wesentlichen Anteil der Bücher ausmacht.

Die Buchreihe richtet sich insbesondere an Trainer*innen im Leistungs- und Breitensport, an interessierte Sportler*innen sowie an Studierende der Sportwissenschaft. Die Autor*innen der Buchreihe lehren und forschen an Universitäten, sind selbst als Trainer*innen aktiv oder engagieren sich in den Dachverbänden der jeweiligen Sportarten.

Daniel Memmert · Stefan König

Kognitives Athletiktraining im Handball

Kraft, Ausdauer, Schnelligkeit, Koordination und kognitive Fähigkeiten kombiniert trainieren

Daniel Memmert ⓘ
Institut für Trainingswissenschaft und
Sportinformatik, Deutsche Sporthochschule Köln
Köln, Nordrhein-Westfalen, Deutschland

Stefan König
Fach Sportwissenschaft, Pädagogische Hochschule Weingarten
Weingarten, Baden-Württemberg
Deutschland

ISSN 3005-1703　　　　　ISSN 3005-1711　(electronic)
Kognitives Athletiktraining
ISBN 978-3-662-71289-4　　ISBN 978-3-662-71290-0　(eBook)
https://doi.org/10.1007/978-3-662-71290-0

Die Deutsche Nationalbibliothek verzeichnet diese Publikation in der Deutschen Nationalbibliografie; detaillierte bibliografische Daten sind im Internet über https://portal.dnb.de abrufbar.

© Der/die Herausgeber bzw. der/die Autor(en), exklusiv lizenziert an Springer-Verlag GmbH, DE, ein Teil von Springer Nature 2025

Das Werk einschließlich aller seiner Teile ist urheberrechtlich geschützt. Jede Verwertung, die nicht ausdrücklich vom Urheberrechtsgesetz zugelassen ist, bedarf der vorherigen Zustimmung des Verlags. Das gilt insbesondere für Vervielfältigungen, Bearbeitungen, Mikroverfilmungen und die Einspeicherung und Verarbeitung in elektronischen Systemen.
Die Wiedergabe von allgemein beschreibenden Bezeichnungen, Marken, Unternehmensnamen etc. in diesem Werk bedeutet nicht, dass diese frei durch jede Person benutzt werden dürfen. Die Berechtigung zur Benutzung unterliegt, auch ohne gesonderten Hinweis hierzu, den Regeln des Markenrechts. Die Rechte des/der jeweiligen Zeicheninhaber*in sind zu beachten.
Der Verlag, die Autor*innen und die Herausgeber*innen gehen davon aus, dass die Angaben und Informationen in diesem Werk zum Zeitpunkt der Veröffentlichung vollständig und korrekt sind. Weder der Verlag noch die Autor*innen oder die Herausgeber*innen übernehmen, ausdrücklich oder implizit, Gewähr für den Inhalt des Werkes, etwaige Fehler oder Äußerungen. Der Verlag bleibt im Hinblick auf geografische Zuordnungen und Gebietsbezeichnungen in veröffentlichten Karten und Institutionsadressen neutral.

Einbandabbildung: Das Bild wurde mit KI generiert (Adobe Stock 1094076296)

Planung/Lektorat: Ken Kissinger
Springer Spektrum ist ein Imprint der eingetragenen Gesellschaft Springer-Verlag GmbH, DE und ist ein Teil von Springer Nature.
Die Anschrift der Gesellschaft ist: Heidelberger Platz 3, 14197 Berlin, Germany

Wenn Sie dieses Produkt entsorgen, geben Sie das Papier bitte zum Recycling.

Vorwort Markus Gaugisch
(Frauen Bundestrainer)

Die Entwicklung des Spitzenhandballs des vergangenen Jahrzehnts ist kaum in Worte zu fassen. Spieltempo, Technik, Taktik und Athletik haben sich in Dimensionen verschoben, die vor einigen Jahren noch undenkbar erschienen. Technisch und athletisch maximal anspruchsvolle, individuelle Lösungen in komplexesten Situationen unter höchstem Zeit- und Gegnerdruck gehören zu den Fähigkeiten, mit denen Spielerinnen und Spieler wie Xenia Smits, Mathias Gidsel oder Juri Knorr Woche für Woche tausende Begeisterte in den Hallen und vor den Bildschirmen jubeln und staunen lassen. Die Kombination aus schneller Wahrnehmung, Informationsverarbeitung und zielgerichteter motorischer Lösung über die gesamte Spieldauer unterscheidet selbst im Spitzenbereich die besten Spielerinnen und Spieler.

Sind diese Ausnahmekönner nun einfach vom überragenden Talent „geküsst" oder wurde das unbestreitbar vorhandene Grundgerüst an kognitiven und athletischen Fähigkeiten durch Spiel- und Trainingsformen gefordert und gefördert, um solche Spitzenleistungen möglich zu machen? Die in diesem Buch thematisierte Verknüpfung aus kognitiven Lösungsfindungen und sportmotorischen Fertigkeiten bietet Trainerinnen und Trainern die Möglichkeit, die Lernenden zu motivieren und Trainingsbedingungen zu schaffen, die sie für die vielfältigen Spielsituationen des Handballs vorbereiten. Daniel Memmert und Stefan König ist es gelungen, die Komplexität des Zielspiels in umsetzbare Trainingsformen zu transferieren und damit kognitives Athletiktraining für jedes Leistungsniveau umsetzbar zu machen. Allen Trainerinnen und Trainern wünsche ich bei der Durchführung ihrer Trainings- und Übungsphase viel Erfolg und vor allem die Leidenschaft, die es braucht, um Sporttreibende begeistern und entwickeln zu wollen.

Daniel Memmert
Stefan König

Danksagung In Liebe an Ute, Kim und Lina sowie Katja, Oliver, Nadina und Daniel

Interessenkonflikt Die Autor*innen haben keine für den Inhalt dieses Manuskripts relevanten Interessenkonflikt.

Inhaltsverzeichnis

Teil I Theorieteil

1	**Einleitung**	3
	Literatur	5
2	**Athletiktraining im Sport**	7
	Literatur	9
3	**Kognitionstraining im Sport**	11
	Literatur	16
4	**Kognitives Athletiktraining im Sport**	21
	Literatur	25

Teil II Praxisteil

5	**Einordnung des Praxisteils**		31
6	**Antizipation & Schnelligkeit**		39
	6.1	Passzeck (Duell, 1981; Memmert, & König, 2021)	40
	6.2	Antizipativ verteidigen (Brack & Bauer, 2020)	42
	6.3	Gegenstoß 1 gegen 0 (Memmert & König, 2021)	44
	Literatur		46
7	**Antizipation & Ausdauer**		47
	7.1	Überschlagspiel 2 gegen 1 als Dreier-Handball	48
	7.2	Spiel 1 gegen 1 in begrenztem Spielfeldsektor	50
	7.3	Transition unlimited	52
8	**Antizipation & Koordination**		55
	8.1	Wandball (König, 1998a; Memmert & König, 2021)	56
	8.2	Hütchentorball (König, 1998a; Memmert & König, 2021)	58
	8.3	Torhüter-Wettkampf (Hagemann, 2000a)	60
	Literatur		62

9	**Antizipation & Kraft**	63
9.1	Zweikampfübungen mit Ball (König, 1994; König & Husz, 2011)	64
9.2	Liegestütz-Zweikampf mit Ball (König, 1994; König & Husz, 2011)	66
9.3	Wurfrichtung antizipieren	68
	Literatur	70
10	**Wahrnehmung & Schnelligkeit**	71
10.1	Startübungen zum Gegenstoß auf optische Zeichen	72
10.2	Ballwege schließen in der Abwehr	74
10.3	Gegenstoßeröffnung durch den Torhüter	76
11	**Wahrnehmung & Ausdauer**	79
11.1	Ballannahme von der Außenposition (Späte, 1984)	80
11.2	Balltransport	82
	Literatur	84
12	**Wahrnehmung & Koordination**	85
12.1	Schattenlaufen mit Zusatzaufgaben (Petersen, 2005)	86
12.2	Prellen und Balltausch	88
12.3	Doppelter Torwart	90
	Literatur	92
13	**Wahrnehmung & Kraft**	93
13.1	Zahlenpassen mit Zusatzaufgaben (Braun, 1992; Memmert & König, 2021)	94
13.2	Abprallerball mit Torwurf	96
	Literatur	98
14	**Aufmerksamkeit & Schnelligkeit**	99
14.1	Fangspiel „Jeder gegen jeden" (Memmert & König, 2021)	100
14.2	Spiel 1 gegen 2 in Sektoren (Nörenberg & Rau, 2006)	102
14.3	„Nur einer wirft" (Hagemann, 2000b)	104
	Literatur	106
15	**Aufmerksamkeit & Ausdauer**	107
15.1	Beinarbeit: Aufmerksam und spezifisch (Petersen, 2005)	108
15.2	Spiel 1 gegen 1 im Basketballkreis (Nörenberg & Rau, 2006)	110
	Literatur	111
16	**Aufmerksamkeit & Koordination**	113
16.1	„Zwei-Felder-Passspiel" (Memmert & König, 2023)	114
16.2	Torhüterübung mit Holzbrett (Hagemann, 2000a)	116
16.3	Spiel 1 gegen 2 auf beiden Seiten (Nörenberg & Rau, 2006)	118
	Literatur	120

17 Aufmerksamkeit & Kraft ... 121
17.1 Prellen am Ort mit Kraftelementen (Memmert & König, 2021) ... 122
17.2 Prellübungen in der Bewegung mit Imitationshandlungen (Petersen, 2005) ... 124
17.3 Abwehr von Würfen aus dem Rückraum ... 126
Literatur ... 128

18 Kreativität & Schnelligkeit ... 129
18.1 Überzahlsituationen variabel lösen (Memmert, 2004a; Uhl, 2025) ... 130
18.2 Schnelle Mitte für „Anfänger" (Leukefeld & Schubert, 1997) ... 132
18.3 Die Verteidigung lesen und kreativ handeln ... 134
Literatur ... 136

19 Kreativität & Ausdauer ... 137
19.1 Variables Abwehrspiel 2 gegen 2 (Nörenberg & Rau, 2006) ... 138
19.2 Überschlagspiel „variable transition offense" (Kühl, 2005) ... 140
Literatur ... 142

20 Kreativität & Koordination ... 143
20.1 Wurftraining von Ecken- und Linienaußen (Kromer, 2015) ... 144
20.2 Ungewohnte Abwehrlösungen in Unterzahl finden ... 146
20.3 Siebenmeter-Killer ... 148
Literatur ... 150

21 Kreativität & Kraft ... 151
21.1 Pass- und Wurfvarianten mit Theraband ... 152
21.2 Abwehrsituation 1:2 kreativ lösen und umschalten ... 154

22 Intelligenz & Schnelligkeit ... 157
22.1 Entscheidungsübung Torwurf (Uhl, 2025) ... 158
22.2 Bälle „am Leben erhalten" (Memmert, 2019) ... 160
22.3 Hochgeschwindigkeitshandball (Memmert & König, 2022a, b) ... 162
Literatur ... 164

23 Intelligenz & Ausdauer ... 165
23.1 Sektorenspiel in Überzahl ... 166
23.2 Transition Game in Überzahl (Memmert & König, 2023) ... 168
23.3 Transition Game in Gleichzahl (Memmert & König, 2023) ... 170
Literatur ... 172

24 Intelligenz & Koordination ... 173
24.1 Wurfübungen von verschiedenen Positionen ... 174
24.2 Abwehrspezifische Entscheidungen „Plus" ... 176

25	**Intelligenz & Kraft**	179
25.1	Pass- und Wurfübung mit dem Theraband	180
25.2	Abwehrübungen mit dem Theraband	182
25.3	Zusammenarbeit Torwart – Abwehr	184

26	**Arbeitsgedächtnis & Schnelligkeit**	187
26.1	Schnick – Schnack – Schnuck	188
26.2	Umschaltspiel 2 gegen 2 (Leukefeld & Schubert, 1997)	190
26.3	10er Passspiel (Memmert & König, 2021)	192
	Literatur	194

27	**Arbeitsgedächtnis & Ausdauer**	195
27.1	3:2:1-Abwehr gegen Angreiferüberzahl (Petersen, 2005)	196
27.2	Siebener-Pass	198
27.3	Umschaltspiel mit spezifischen Memory-Aufgaben	200
	Literatur	202

28	**Arbeitsgedächtnis & Koordination**	203
28.1	Passübungen mit Memoryaufgaben	204
28.2	Passstafetten (Späte, 1984)	206
28.3	Überschlagspiel über das Querspielfeld (Molthahn, 2005)	208
	Literatur	210

29	**Arbeitsgedächtnis & Kraft**	211
29.1	Sprung- und Wurfkraftübung mit Memory-Aufgaben	212
29.2	„Kräftigender" Platztausch mit Memoryaufgaben	214

Über die Autoren

Dr. Daniel Memmert ist Professor und geschäftsführender Leiter des Instituts für Trainingswissenschaft und Sportinformatik an der Deutschen Sporthochschule Köln (https://www.dshs-koeln.de/en/visitenkarte/person/univ-prof-dr-daniel-memmert/). Von 2009 bis 2016 war er Leiter des Instituts für Kognitions- und Sportspielforschung an der Deutschen Sporthochschule Köln. 2003 promovierte er (Auszeichnung: dvs-Nachwuchspreis, Bronze) und habilitierte 2008 an der Elite-Universität Heidelberg (Auszeichnung: DOSB-Wissenschaftspreis, Bronze). Im Jahr 2014 war er Gastprofessor an der Universität Wien. Die Schwerpunkte seiner wissenschaftlichen Arbeit liegen in den Bereichen Bewegungswissenschaft (Kognition und Motorik), Sportpsychologie (Aufmerksamkeit und Motivation) und Sportinformatik (Big Data, Mustererkennung und Simulation).

Laut einer öffentlich zugänglichen Datenbank von Elsevier mit den 100.000 besten Wissenschaftlern der Welt (https://data.mendeley.com/datasets/btchxktzyw/2) steht er in Deutschland auf Platz 1 im Bereich Sportwissenschaft und weltweit auf Platz 8 im Bereich Sportwissenschaft/Experimentelle Psychologie. Er hat einen H-Index von 65 (i10-Index 243) und hat mehr als 10 Millionen Euro an Drittmitteln (z.B. BMBF, BISp) eingeworben, darunter 9 DFG-Projekte im Bereich der Informatik und 5 DFG-Projekte im Bereich der Psychologie. Darüber hinaus hat er mehrere Forschungsaufenthalte (z.B. USA, Kanada) absolviert, verschiedene Auszeichnungen erhalten (z.B. DOSB-Wissenschaftspreis Bronze, Research Writing Award AAHPERD), ist Mitglied in internationalen Editorial Boards und hat mehr als 300 Artikel in internationalen Fachzeitschriften, 40 Bücher und 40 Buchkapitel veröffentlicht. Von 2009 bis 2013 war er Geschäftsführer der asp (Association for Sport Psychology), von 2012 bis 2016 Redakteur des Journal of Sport Science (Behavioral Science Section), von 2016 bis 2018 Mitherausgeber (Psychologie) der Zeitschrift Research Quarterly for Exercise and Sport, von 2017 bis 2021 des Journal of Sport Psychology, von 2021-2025 Associate Editor des International Journal of Sport and Exercise Psychology und von 2009 bis 2022 stellvertretender Sprecher der dvs-Kommission Mannschaftssport. Zurzeit ist er Chefredakteur des Journal of Applied Sport and Exercise Psychology und Executive Editor des Journal of Sport Science. Er besitzt Trainerlizenzen in den Sportarten Fußball, Tennis, Snowboard und Ski Alpin und ist Herausgeber und Autor von Lehrbüchern zum modernen Fußballtraining. Sein Institut kooperiert mit verschiedenen Fußball-Bundesligisten, der deutschen Fußball-Nationalmannschaft und DAX-Unternehmen und organisiert den ersten internationalen Masterstudiengang Spielanalyse.

Prof. Dr. Stefan König ist Fachsprecher und Professor am Sportzentrum sowie Direktor des Forschungszentrums für Sekundarbildung der Pädagogischen Hochschule Weingarten. Von 1995 bis 2006 war er Akademischer Direktor und Leiter der Studiengänge am Institut für Sportwissenschaft er Universität Tübingen. Im Jahr 1991 promovierte er ebenfalls an der Universität Tübingen.

Seine wissenschaftlichen Arbeitsschwerpunkte liegen in der Trainingswissenschaft (Effekte von Trainingsprozessen im Schul-, Breiten-, Gesundheits- und Nachwuchsleistungssport), in der Schulsportforschung (Wirkungen von Sportunterricht, Schulsportkonzepte, Sportlehrkräfteforschung), in der Sportspielforschung (Vermittlungskonzepte, Taktik, Führungsverhalten) sowie im Bereich der Forschungsmethodologie (Mixed Methods Research).

Er ist Herausgeber von fünf Buchreihen (Schulsportforschung, Angewandte Trainingsforschung, Weingartner Dialog über Forschung, Doppelstunde Sport, Sportstunde Grundschule,) sowie der Fachzeitschrift *SportPraxis*, Ad-hoc-Gutachter für eine ganze Reihe an internationalen und nationalen Fachjournals sowie Gutachter für die Kooperationsgemeinschaft gesetzlicher Krankkassen und das BISP.

Seit 2015 ist er Mitglied des Wissenschaftsforums des WLSB, seit 2017 Mitglied im Editorial Board des International Journal of Multimethod Research Approaches und seit 2020 Vertreter in der Special Interest Group TGfU. Von 2016 bis 2023 war er Vorstandsmitglied des Fakultätentages Sportwissenschaft. Er hat verschiedene Drittmittelprojekte eingeworben (u. a. IBH, BISP) und arbeitet mit einer Vielzahl an Verbänden und Bildungseinrichtungen des Sports in Forschungsprojekten zusammen. Er besitzt Trainerlizenzen im Handball und Basketball.

Teil I
Theorieteil

Einleitung 1

Erfolg im Sport ist für viele Menschen und selbst für Athleten, Trainer, Funktionäre oder Fans[1] immer wieder ein Mysterium. Zu oft gewinnt nicht der vermeintlich bessere Athlet oder die bessere Mannschaft. Wenn man nach Ursachen sucht, dann scheint das Momentum, Glück oder Zufälligkeit einen gewissen und durch sportwissenschaftliche Daten belegten größeren Einfluss zu spielen (Wunderlich et al., 2021). Der überwiegende Teil sportlichen Erfolgs wird aber von LeistungsfFaktoren bestimmt, mit denen sich die Trainingswissenschaft seit längerer Zeit auseinandersetzt. Genauer gesagt beruhen Leistungen in Sport auf einem komplexen Gefüge konditioneller, kognitiver, technischer, taktischer und psychischer Faktoren sowie der Konstitution (Memmert, 2013).

Diese Vielfältigkeit und Komplexität des Sports kommen auch in den verschiedenen Wechselwirkungen dieser Faktoren zum Ausdruck. In der Trainingspraxis wird auf einer sehr allgemeinen Ebene in der Struktur Technik – Taktik – Kondition – Kognition – Konstitution als primäre Leistungsfaktoren gedacht, die neben allgemeinen und speziellen Leistungsvoraussetzungen auch Spielfähigkeit und Spielwirksamkeitskomponenten beinhalten (Hohmann, 2005). Darauf aufbauend wurden in den letzten Jahren zahlreiche, zum Teil sehr spezifische Leistungsstrukturmodelle diskutiert (z. B. Handball: Brack, 2000; Tischtennis: Hohmann & Zhang, 2003), die verschiedene Einflussfaktoren auf die sportliche Leistung thematisieren (vgl. Abb. 1.1).

Während konstitutionelle Faktoren (z. B. Körpergröße) nicht veränderbar sind, kann man die anderen vier Faktoren durch Training gezielt beeinflussen. Hierbei existieren für die Bereiche Kondition, Technik und Taktik ganze Lehrbuchsammlungen, der Stellenwert der Kognitionen gewann hingegen erst in den

---

[1] Wenn in diesem Buch von Spieler, Trainer, Athlet oder Lehrer gesprochen wird, dann sind damit natürlich immer beide Geschlechter gemeint.

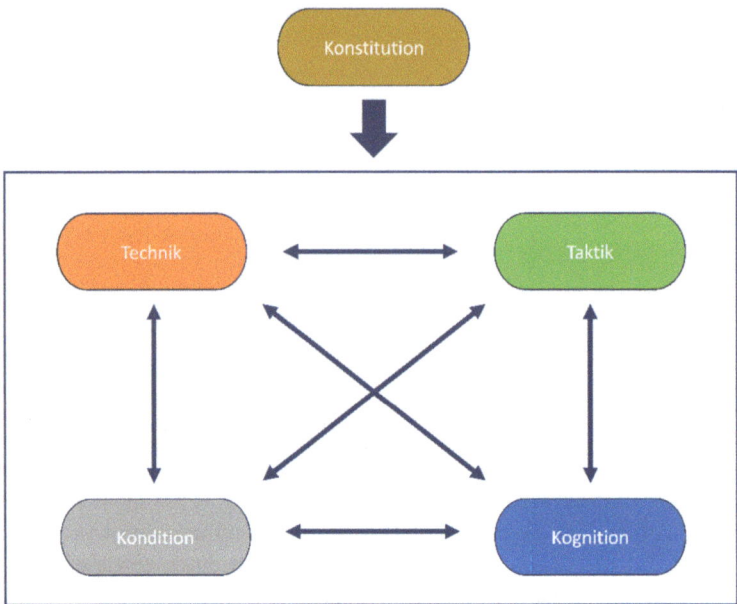

Abb. 1.1. Die fünf Leistungsfaktoren im Sport. (In Anlehnung an Memmert, 2013)

letzten Jahren an Bedeutung (u. a. Memmert, 2019; Memmert & König, 2021, vgl. Kap. 3). Ein deutlicher Mehrwert entsteht durch die inhaltliche Verknüpfung einzelner Modelle und Theorien aus den Bereichen Kondition-, Technik-, Kognition- und Taktiktraining. Dazu wurden zu Beginn des Jahrtausends der Begriff des Komplextrainings in die Sportwissenschaft eingeführt. Komplextraining ist nach Schnabel und Thies (1993, S. 460) eine „methodische Form des Trainings, die auf die gleichzeitige Lösung mehrerer Hauptaufgaben der sportlichen Vorbereitung gerichtet ist". Komplextraining kann sowohl in der Vorbereitungs- als auch in der Wettkampfperiode effektiv, zeitsparend und motivierend eingesetzt werden (vgl. für einen Überblick: Memmert, 2005). Dennoch gibt es nicht zu allen Faktoren Überlegungen der inhaltlichen Verknüpfung und Trainierbarkeit.

Zu den Beziehungen Technik-/Konditionstraining (Auguste, 2006; Oliver, 1996), Technik-/Kognitionstraining (Scharfen & Memmert, 2019a, b), Technik-/Taktiktraining (u. a. Hossner, 2000; Memmert, 2004; Memmert, 2006; Memmert & Breihofer, 2006; Roth et al., 2002, 2006; Roth & Kröger, 2011; Szymanski, 1997; Thumfart, 2006), Taktik-/Kognitionstraining (Cardoso et al., 2021; Kunrath et al., 2020) sowie Taktik-/Konditionstraining (z. B. Wegner & Janssen, 1995) liegen eine Reihe von theoretischen Überlegungen, experimentellen Befunden sowie Praxisempfehlungen vor. Für den Zusammenhang zwischen Kondition- und Kognitionstraining besteht allerdings ein eindeutiges Desiderat; er wird im Folgenden deshalb näher aufgegriffen.

Denn exakt an dieser Stelle möchte das vorliegende Buch ansetzen und wissenschaftlich fundierte Möglichkeiten eines kognitiven Athletiktrainings im Handball aufzeigen. Im ersten Teil des Buches werden Grundlagen für ein konditionelles und kognitives Training und ihrer Kombination gelegt: Was sind die entscheidenden Faktoren, die man schulen kann? Welche Modelle stehen bereit? Welche Evidenzen gibt es dazu? Darüber hinaus werden diese Erkenntnisse auch mit der Coaching-Praxis verknüpft. Dazu wurden in den letzten 20 Jahren zahlreiche Studien durchgeführt. Im zweiten Teil des Buches werden Schulungsbeispiele für ein kognitives Athletiktraining gegeben. Trainer und Vereine müssen noch mehr dafür sensibilisiert werden, dass Kondition und Kognitionen zusammen simultan trainiert werden können und vielleicht sogar müssen, nicht zuletzt um ökonomisch mit der Trainingszeit umzugehen, aber auch, um im besten Fall bisher noch brachliegende Ressourcen auszuschöpfen.

Mit dieser Buchreihe wollen wir bewusst einen anderen Ansatz als das Konzept Neuroathletik setzen. „neuroathletic Training" ist eine eigene Wortneuschöpfung der Begründer und Profisporttrainer Lars Lienhard und Martin Weddemann. Es baut auf die Arbeit des Chiropraktikers Dr. Eric Cobb auf, der in den USA seit 20 Jahren Trainingsprogramme für das Profisporttraining auf neurophysiologischer Grundlage entwickelt und Trainer ausbildet. Im Kern geht es um

- Fitnesstraining fürs Gehirn
- Steigerung des körperlichen Wohnbefindens mit einfachen Übungen Leistungssporttraining, das neurologische Prozesse in den Vordergrund stellt

In den Neurowissenschaften werden die Effekte des motorischen oder sensorischen Trainings bereits seit vielen Jahren untersucht und insbesondere für medizinische Zwecke genutzt (Hertel & Corbett, 2019; Kwakkel et al., 2023). Neuroathletiktraining richtet sich an gesunde Sportler und konzentriert sich auf das Training des visuellen Systems einschließlich der Okulo-Motorik, des vestibulären- und des propriozeptiven Systems und wird ab und an im Leistungssporttraining eingesetzt (Zwierko et al., 2023). Bisher gibt es allerdings keine nennenswerten empirischen Befunde zu einem Neuroathletik-Training, vor allem keine belastbaren experimentellen Interventionsstudien mit Placebo-Gruppen.

Literatur

Auguste, C. (2006). *Techniktraining und konditionelle Belastung.* Sport & Buch Strauß.
Brack, R. (2000). *Wissenschafts- und objektorientierte Grundlagen der sportspielspezifischen Trainingslehre. Strukturierung, Generierung und Vermittlung von Hintergrundwissen zu Leistung, Training und Wettkampf im Sportspiel.* Unveröffentlichte Habilitationsschrift. Universität Stuttgart.
Cardoso, F. da S. L., Garcia-Calvo, T., Patrick, T., Afonso, J., & Teoldo, I. (2021). How does cognitive effort influence the tactical behavior of soccer players? *Perceptual and Motor Skills, 128*(2), 851–864.

Hertel, J., & Corbett, R. O. (2019). An Updated Model of Chronic Ankle Instability. *Journal of Athletic Training, 54*(6), 572–588.

Hohmann, A. (2005). Sportspiel-Leistung. In A. Hohmann, M. Kolb, & K. Roth, *Handbuch Sportspiel* (S. 279–289). Hofmann.

Hohmann, A. & Zhang H. (2003). Performance diagnostics by mathematical simulation in table tennis. In J.-F. Kahn & A. Lees (Hrsg.), *Science and Racket Sports 3*. Universite de Paris.

Hossner, E. J. (2000). Principles to know on nodal points. The Coach. *The Official FIVB Magazine for Volleyball Coaches, 1*, 6–11.

Kunrath, C. A., Nakamura, F. Y., Roca, A., Tessitore, A., & Teoldo, I. (2020). How does mental fatigue affect soccer performance during small-sided games? A cognitive, tactical and physical approach. *Journal of Sport Science, 38*(15), 1818–1828.

Kwakkel, G., Stinear, C., Essers, B., Munoz-Novoa, M., Branscheidt, M., Cabanas-Valdés, R., Lakičević, S., Lampropoulou, S., Luft, A. R., Marque, P., Moore, S. A., Solomon, J. M., Swinnen, E., Turolla, A., Alt Murphy, M., & Verheyden, G. (2023). Motor rehabilitation after stroke: European Stroke Organisation (ESO) consensus-based definition and guiding framework. *European Stroke Journal, 8*(4), 880–894.

Memmert, D. (2004). *Kognitionen im Sportspiel*. Sport & Buch Strauß.

Memmert, D. (2005). Komplextraining. In A. Hohmann, M. Kolb, & K. Roth (Hrsg.), *Handbuch Sportspiel* (S. 359–364). Hofmann.

Memmert, D. (2006). *Optimales Taktiktraining im Leistungsfußball*. Spitta Verlag.

Memmert, D. (2013). Leistungsfaktoren im Sportspiel. In A. Güllich & M. Krüger (Hrsg.), *Sport – Das Lehrbuch für das Sportstudium* (S. 561–562). Springer.

Memmert, D. (2019). *Fußballspiele werden im Kopf entschieden: Kognitives Training, Kreativität und Spielintelligenz im Amateur- und Leistungsbereich*. Meyer & Meyer.

Memmert, D., & Breihofer, P. (2006). *Doppelstunde Fußball*. Hofmann.

Memmert, D., & König, S. (2021). *Handballspiele werden im Kopf entschieden: Kognitives Training, Kreativität und Spielintelligenz im Amateur- und Leistungsbereich*. Meyer & Meyer.

Olivier, N. (1996). *Techniktraining unter konditioneller Belastung*. Hofmann

Roth, K., & Kröger, C. (2011). *Ballschule. Ein ABC für Spielanfänger* (4. Aufl.). Hofmann.

Roth, K., Kröger, Ch., & Memmert, D. (2002). *Ballschule Rückschlagspiele*. Hofmann.

Roth, K., Memmert, D., & Schubert, R. (2006). *Ballschule Wurfspiele*. Hofmann.

Scharfen, E., & Memmert, D. (2019a). Measurement of Cognitive Functions in Experts and Elite-Athletes: A Meta-Analytic Review. *Applied Cognitive Psychology., 3*, 843–860.

Scharfen, E., & Memmert, D. (2019b). The Relationship between Cognitive Functions and Sport-Specific Motor Skills in Elite Youth Soccer Players. *Frontiers in Psychology – Movement Science & Sport Psychology, 10*(4), 817.

Schnabel, G. & Thieß, G. (Hrsg.) (1993). *Lexikon Sportwissenschaft – Leistung – Training – Wettkampf*. Sportverlag.

Szymanski, B. (1997). Techniktraining in den Sportspielen – bewegungszentriert oder situationsbezogen? Czwalina

Thumfart, M. (2006). *Optimales Taktiktraining im Jugendfußball*. Spitta-Verlag.

Wegner, M., & Janssen, J. P. (1995). Zur Operationalisierung der Konzentration im Hallenhandball: Ein anforderungsbezogener Forschungsansatz. *Psychologie und Sport, 2*, 57–68.

Wunderlich, F., Seck, A., & Memmert, D. (2021). The influence of randomness on goals in football decreases over time. An empirical analysis of randomness involved in goal scoring in the English Premier League. *Journal of Sports Sciences, 39*, 2322–2337.

Zwierko, M., Jedziniak, W., Popowczak, M., & Rokita, A. (2023). Effects of in-situ stroboscopic training on visual, visuomotor and reactive agility in youth volleyball players. *PeerJ, 11*, Article e15213.

Athletiktraining im Sport 2

In den 70er Jahren liefen Mannschaftssportler während eines Spiels signifikant weniger als in vergleichbaren Spielklassen im Moment. Unbestritten sind konditionelle oder athletische Fähigkeiten eine wichtige Komponente im aktuellen Profisport. Die Sportwissenschaft, genauer die Trainings- und Bewegungswissenschaft, beschäftigt sich seit langem mit Theorien, Modellen und praktischen Trainingsempfehlungen zum Athletik- und Konditionstraining. Dabei herrscht weitestgehend Einigkeit (vgl. Weineck, 2019), dass sich die sportmotorischen Fähigkeiten in fünf Basisfaktoren untergliedern lassen (vgl. Abb. 2.1), die sich eher den energetisch-konditionellen oder den informatorisch-koordinativ determinierten Fähigkeiten zuordnen lassen. Deutlich wird in Abb. 2.1 auch, dass Beweglichkeit sich durch passive Energieübertragung beschreiben lässt und deshalb für ein kognitives Athletiktraining aufgrund ihrer statischen Übungen wenig geeignet ist. Selbstverständlich ist aber auch der Faktor Beweglichkeit von Bedeutung, wird aber an dieser Stelle und im Buch nicht weiter aufgegriffen.

Schnelligkeit
Schnelligkeit wird aktuell in der Trainingswissenschaft im Rahmen zweier Konzepte diskutiert (u. a. Sheppard & Young, 2006; Thienes, 2023): Diese sind Speed (lineare Sprintschnelligkeit) und die Agility, welche wiederum in zwei sportartspezifischen Konzepten vorliegt, der Schnelligkeit mit Richtungswechsel und der Handlungsschnelligkeit. Für das vorliegende Buch hat zweifelsohne das zweite Konzept Priorität.

Die Bedeutung von Agility im Sport wird in aktuellen Studien hervorgehoben (Thieschäfer & Büsch, 2022). Die Komponenten der komplexen Schnelligkeit sind beispielsweise Sprinten mit Richtungswechseln, Wahrnehmungs- und Entscheidungsschnelligkeit und Antizipation (für einen Überblick: Thienes, 2023). Insbesondere wird sie durch neuere Trainingsmethoden und Technologien in der

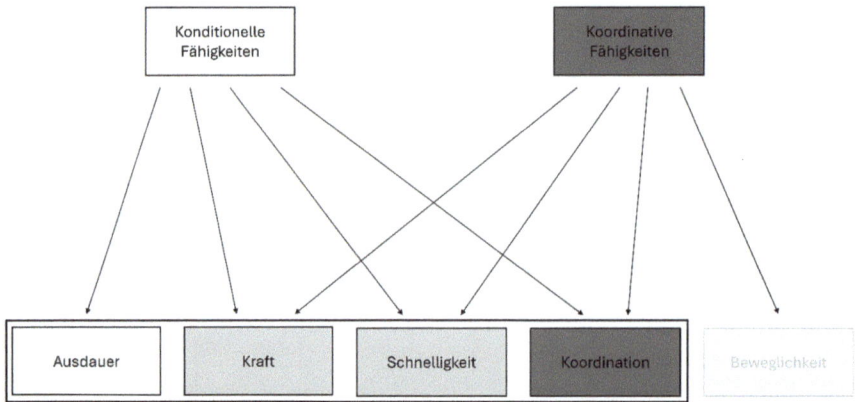

Abb. 2.1 Die fünf sportmotorischen Fähigkeiten Schnelligkeit, Ausdauer, Beweglichkeit, Koordination und Kraft im Sport (vgl. Weineck, 2019)

Sportwissenschaft vorangetrieben (Young et al., 2021). Sie gilt es auch für ein kognitives Athletiktraining im Handball zu thematisieren.

Ausdauer
Ausdauer ist ein zentraler Bestandteil des Trainings für Sportler und wird seit Jahrzehnten und auch aktuell ausführlich, aber auch kontrovers diskutiert (Heckel, 2021; Kenney et al., 2021). Definiert wird sie über die Fähigkeit, körperliche Belastungen über einen längeren Zeitraum aufrechtzuerhalten bzw. die Ermüdung hinauszuzögern und sich schnellstmöglich zu regenerieren (Bachl, 2018; Hohmann et al., 2020). Zur Ausdifferenzierung der Ausdauerfähigkeit wird auf Überblicksarbeiten verwiesen (z. B. Faude & Donath, 2023), wobei Ausdauer neben ihrer Bedeutung als Leistungskomponente auch als Schlüsselelement für die Verbesserung der allgemeinen Herz-Kreislauf-Gesundheit angesehen werden muss (Plowman & Smith, 2023). Unabhängig von diesen grundsätzlichen Überlegungen zeichnet sich Ausdauer im Handball als eine azyklische Mischform aus; d. h., eine Dauerbelastung über eine Spielzeit von 60 min wechselt sich mit hoch intensiven Phasen (z. B. Gegenstoß) und Erholungspausen (Zeit auf der Bank) ab. Dies gilt es, bei Trainingsüberlegungen zu berücksichtigen.

Kraft
Kraft ist ein Eckpfeiler für die Leistungssteigerung und Verletzungsprävention, wie in aktuellen Forschungsarbeiten betont wird (Knudson et al., 2023). Gemeinhin kann man sie untergliedern in Maximalkraft, Schnellkraft, Reaktivkraft und Kraftausdauer (für einen Überblick: Fröhlich & Kemmler, 2023). Krafttraining wird nicht nur für Athleten, sondern auch für die allgemeine Bevölkerung als wichtig erachtet (Fragala et al., 2019). Die Rolle der Kraftentwicklung in der Rehabilitation von Verletzungen („return to play") wird in aktuellen Studien zur Sportmedizin untersucht (Rudisill et al., 2023).

Mit Blick auf Handball ist zu beachten, dass ohne Zweifel die beiden Ausprägungen der Wurf- und Sprungkraft zentral sind. Beide bauen allerdings auf einem hohen Maximalkraftniveau auf und erfordern mit zunehmender Spiel- oder Trainingsausdauer auch eine gut ausgeprägte Kraftausdauerkomponente. Diese Interdependenz der Kraftarten ist bei spezifischen und vor allem kognitiv orientierten Trainingsformen zu berücksichtigen.

Koordination
Koordination wird einerseits als eine allgemeine Leistungsgrundlage (allgemeines KT), andererseits als entscheidender Faktor für die Leistungsoptimierung in verschiedenen Sportarten (spezifisches KT) betrachtet (Hrysomallis, 2020; Williams & Ford, 2021). Für einen differenzierten Überblick zum aktuellen Stand wird auf Standard-Lehrbücher verwiesen (u. a. Golle et al., 2023).

Fokussiert man an dieser Stelle ebenfalls Handball, ist festzuhalten, dass es insbesondere die optische Informationsverarbeitung sowie Zeit-, Präzisions- und Situationsdruck sind, die koordinative Anforderungen bestimmen. Entsprechend sind Übungs- und Spielformen an diesem sportartspezifischen Anforderungsprofil zu orientieren (Neumaier & Mechling, 1995).

Wie Abb. 2.1 verdeutlicht, gibt es mannigfaltige Zusammenhänge zwischen den einzelnen konditionellen und koordinativen Fähigkeiten. Beispielsweise wird die Interaktion zwischen Schnelligkeit, Ausdauer und anderen Leistungsfaktoren aktuell intensiv untersucht (Knudson et al., 2023). Die Bedeutung von Koordination und Gleichgewicht für eine gute Verletzungsprävention wird ebenfalls in aktuellen Studien thematisiert (Al Attar et al., 2022). Neue Ansätze zur Integration von Schnelligkeit, Ausdauer, Koordination und Krafttraining werden in neueren Trainingsmodellen und -programmen vorgeschlagen und evaluiert (Holviala et al., 2012).

Literatur

Al Attar, W. S. A., Khaledi, E. H., Bakhsh, J. M., Faude, O., Ghulam, H., & Sanders, R. H. (2022). Injury prevention programs that include balance-training exercises reduce ankle injury rates among soccer players: A systematic review. *Journal of Physiotherapy, 68*, 165–173.

Bachl, N. (2018). Molekulare Sport- und Leistungsphysiologie. Molekulare, zellbiologische und genetische Aspekte der körperlichen Leistungsfähigkeit. Wien: Springer.

Faude, O., & Donath, L. (2023). Ausdauer und Ausdauertraining im Sport: Anwendungsbereiche, Diagnostik, Trainingsformen, Organisation, Methoden, Anpassungen. In *Bewegung, Training, Leistung und Gesundheit: Handbuch Sport und Sportwissenschaft* (S. 849–864). Springer Berlin Heidelberg.

Fragala, M. S., Cadore, E. L., Dorgo, S., Izquierdo, M., Kraemer, W. J., & Peterson, M. D. (2019). Resistance training for older adults: Position statement from the national strength and conditioning association. *Journal of Strength & Conditioning Research, 33*(8), 2019–2052.

Fröhlich, M., & Kemmler, W. (2023). Kraft und Krafttraining im Sport: Anwendungsbereiche, Diagnostik, Trainingsformen, Organisation, Methoden, Anpassungen. In *Bewegung, Training, Leistung und Gesundheit: Handbuch Sport und Sportwissenschaft* (S. 829–848). Springer Berlin Heidelberg.

Golle, K., Mechling, H., & Granacher, U. (2023). Koordinative Fähigkeiten und Koordinationstraining im Sport. In A. Güllich & M. Krüger (Hrsg.), *Bewegung, Training, Leistung und Gesundheit: Handbuch Sport und Sportwissenschaft* (S. 909–932). Springer Berlin Heidelberg.

Heckel, A. (2021). *High Intensity Interval Training. Effekte, Durchführbarkeit und motivationale Aspekte von Ausdauertraining in verschiedenen Settings*. Logos.

Hohmann, A., Lames, M., Letzelter, M., & Pfeiffer, M. (2020). *Einführung in die Trainingswissenschaft*. 7., überarb. Limpert.

Holviala, J., Kraemer, W. J., Sillanpää, E., Karppinen, H., Avela, J., Kauhanen, A., Häkkinen, A., & Häkkinen, K. (2012). Effects of strength, endurance and combined training on muscle strength, walking speed and dynamic balance in aging men. *European Journal of Applied Physiology, 112*(4), 1335–1347.

Hrysomallis, C. (2020). Balance ability and athletic performance. *Sports Medicine, 41*(3), 221–232.

Kenney, W. L., Wilmore, J. H., & Costill, D. L. (2021). *Physiology of Sport and Exercise* (8. Aufl.). Human Kinetics.

Knudson, D., Mahar, M., & Myers, N. D. (2023). The national academy of kinesiology 2023 evaluation of doctoral programs in kinesiology. *Kinesiology Review, 13*(1), 135–154.

Neumaier, A., & Mechling, H. (1995). Allgemeines oder sportartspezifisches Koordinationstraining? *Leistungssport, 25*(5), 14–18.

Plowman, S. A., & Smith, D. L. (2023). *Exercise Physiology for Health, Fitness, and Performance* (6. Aufl.). Wolters Kluwer.

Rudisill, S. S., Varady, N. H., Kucharik, M. P., Eberlin, C. T., & Martin, S. D. (2023). Evidence-based hamstring injury prevention and risk factor management. A systematic review and meta-analysis of randomized controlled trials. *The American Journal of Sports Medicine, 51*(7), 1927–1942.

Sheppard, J. M., & Young, W. B. (2006). Agility literature review: Classifications, training and testing. *Journal of Sports Sciences, 22*(3), 15–29.

Thienes, G. (2023b). Schnelligkeit und Schnelligkeitstraining im Sport: Anwendungsbereiche, Diagnostik, Trainingsformen, Organisation, Methoden, Anpassungen. In *Bewegung, Training, Leistung und Gesundheit: Handbuch Sport und Sportwissenschaft* (S. 865–884). Springer Berlin Heidelberg.

Thieschäfer, L., & Büsch, D. (2022). Development and trainability of agility in youth: A systematic scoping review. *Frontiers in Sports and Active Living, 4*, Article 952779.

Weineck, J. (2019). *Optimales Training*. Spitta.

Williams, A. M., & Ford, P. R. (2021). Expertise and expert performance in sport. *International Review of Sport and Exercise Psychology, 17*(1), 57–77.

Young, W., Rayner, R., & Talpey, S. (2021). It's Time to Change Direction on Agility Research: A Call to Action. *Sports Medicine – Open, 7*(1), 12.

Kognitionstraining im Sport 3

Julian Köster gelingt es scheinbar mühelos, in äußerst komplexen Situationen gerade am Ende eines Handballspiels ungewöhnliche, aber auch technisch-taktische „best" Lösungen auf das Spielfeld zu „zaubern". Neben athletischen Fähigkeiten spielen im Sport auch Kognitionen eine bedeutsame Rolle, wie sie im Moment in zahlreichen Praxisbüchern trainiert werden (vgl. Fußball: Memmert, 2019; Tennis: Memmert & Leiner, 2020; Handball und Basketball: Memmert & König, 2021, 2022).

Vereinfacht ausgedrückt werden Kognitionen als höhere geistige Funktionen und Prozesse definiert, die bedeutsam sind, um in bestimmten Situationen gezielt adäquate Lösungen in unserer Umwelt zu generieren (Neisser, 2014). Zusammenfassend zeigt die Forschung in der Sportwissenschaft, dass Experten und Eliteathleten tendenziell über überlegene basale kognitive Fähigkeiten verfügen. Das wird durch verschiedene Meta-Analysen (Scharfen & Memmert, 2019; Voss, et al., 2010) und Einzelstudien unterstützt, die kleine bis mittlere Effekte aufzeigen. Insbesondere im Bereich des Sportspiels, wie Fußball (Verburgh et al., 2016; Vestberg et al., 2012), scheinen Sportspielexperten herausragende kognitive Fähigkeiten zu besitzen.

In Anlehnung an die Modelle und Theorien aus der Psychologie wurde ein Prozessmodell des Ablaufs menschlicher Entscheidungshandlungen entwickelt (Memmert, 2013, 2017a, b, 2019; Memmert & Roth, 2003; Roth & Hossner, 1999), das die kognitiven Fähigkeiten Antizipation, Wahrnehmung, Aufmerksamkeit, Kreativität, Spielintelligenz und (Arbeits-)Gedächtnis beinhaltet (vgl. Abb. 3.1). Die Darstellung der einzelnen psychologischen Prozesse folgt dabei einem weitestgehend akzeptierten zeitlichen Ablauf, wobei im realen Kontext nicht notwendigerweise alle perzeptiv-kognitiven Phasen durchlaufen werden müssen.

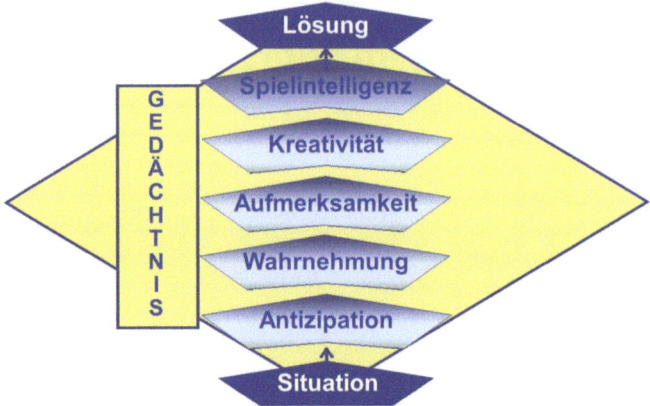

Abb. 3.1 Überblick über die zentralen kognitiven Leistungsfaktoren, die Handlungen im Sport zugrunde liegen (Memmert, 2013, 2019). Nicht notwendigerweise müssen bei der Generierung sportspezifischer Situationslösungen alle perzeptiv-kognitiven Phasen durchlaufen werden

Im Folgenden werden die kognitiven Fähigkeiten Antizipation, Wahrnehmung, Aufmerksamkeit, Spielintelligenz, Kreativität und Arbeitsgedächtnis näher beschrieben. Für einen ausführlicheren Überblick wird auf aktuelle Praxisbücher verwiesen, die spezifisch diese trainieren (vgl. Fußball: Memmert, 2019; Tennis: Memmert & Leiner, 2020; Handball und Basketball: Memmert & König, 2021, 2022).

Antizipation
Im Sport spielt die Antizipation eine herausragende Rolle (für einen Überblick: Williams & Jackson, 2019). Deshalb hat sich die sportwissenschaftliche Forschung seit vielen Jahren granular mit wichtigen latenten und offensichtlichen Hinweisreizen beschäftigt, die für die Antizipation von sportlichen Handlungen gewinnbringend eingesetzt werden können (vgl. Loffing et al., 2014). Eine Vielzahl von Studien zeigen, dass unterschiedliche Teile des Körpers als antizipationsrelevante Regionen („information-rich areas", Magill, 1998) eingeordnet werden und dann als Hinweise für nachfolgende Aktionen genutzt werden können (zusammenfassend, Cauraugh & Janelle, 2002). Die Verwendung solcher relevanten Hinweise ermöglicht es somit, die Aufmerksamkeit der Athleten auf antizipationsrelevante Regionen zu lenken, die die wichtigsten Bewegungsmerkmale enthalten.

Wahrnehmung
Die Wahrnehmung spielt im Sport ebenfalls eine dominante Rolle (Mann et al., 2007). Ein Athlet muss in kürzester Zeit Spielsituationen (z. B. Anzahl der Mitspieler und Gegenspieler, freie Räume, Abstände etc.) exakt erfassen, um „optimal" zu reagieren. Bewusste Wahrnehmungsprozesse auf Basis korrekter Hinweise können mit Blickbewegungsanalysen untersucht werden, um Wahrnehmungsstrategien von Experten zu ermitteln (u. a. Hüttermann et al., 2018;

Kredel et al., 2017). Beispielsweise werden aber auch bewusst eingesetzte, aber „nicht-korrekte" Wahrnehmungsinformationen für Täuschungshandlungen angewendet (zusammenfassend Bishop et al., 2013; Güldenpenning et al., 2017). Reize aus der Umwelt können aber nicht nur bewusst, sondern auch unbewusst verarbeitet werden und motorische Handlungen beeinflussen (Masters et al., 2007; Noel et al., 2015; Weigelt & Memmert, 2012).

Aufmerksamkeit
Aufmerksamkeit gilt als ein bedeutsamer Faktor im Hinblick auf sportliche Leistungen (Memmert, 2009), da sie nahezu in allen Sportarten von grundlegender Bedeutung ist. Neurowissenschaftliche und kognitionspsychologische Befunde (z. B. Coull, 1998; Knudsen, 2007; Mirsky et al., 1991; Van Zomeren & Brouwer, 1994) schlagen eine Aufteilung der Aufmerksamkeit in vier Sub-Prozesse vor: die Aufmerksamkeitsorientierung, die selektive Aufmerksamkeit, die geteilte Aufmerksamkeit und die Konzentration (vgl. Tab. 3.1).

Alle Sub- Prozesse können detailliert in Praxisbüchern (vgl. Fußball: Memmert, 2019; Tennis: Memmert & Leiner, 2020; Handball und Basketball: Memmert & König, 2021, 2022) oder wissenschaftlichen Publikationen (Coull, 1998; Furley et al., 2010; Hüttermann et al., 2013; Memmert & Furley, 2007) nachgelesen werden. An dieser Stelle ist es ausreichend, zwei zentrale Prozesse kurz anzudeuten. Die *selektive Aufmerksamkeit* ist der in der Sportwissenschaft am häufigsten untersuchte Faktor. Dieser Sub-Prozess lässt eine gezielte räumliche oder objektgebundene Aufmerksamkeits-Fokussierung zu bestimmten Zeitpunkten oder innerhalb einzelner Zeitfenster zu. Während der Fokus gezielt auf bestimmte Ereignisse fällt, werden andere inhibiert, also ausgeklammert. Durch den Sub-Prozess der *geteilten Aufmerksamkeit* können Athleten sich auf zwei oder mehrere Informationsquellen gleichzeitig konzentrieren.

Kreativität
Die Psychologie arbeitet mit zwei Definitionen für kognitive Denkprozesse, die eine Forschungsgruppe um Joy Paul Guilford (1967) aufgestellt hat: konvergentes und divergentes Denken (Roth, 2005). In konvergenten Denkprozessen werden sogenannte Ideallösungen für das Problem gesucht und angesteuert. Divergente

Tab. 3.1 Definitionen der vier Sub-Prozesse der Aufmerksamkeit (Memmert, 2009; Memmert & Furley, 2012)

- Aufmerksamkeitsorientierung: „einloggen" und „ausloggen" der Aufmerksamkeit auf einen Stimulus
- Selektive Aufmerksamkeit: wählt zu einem bestimmten Zeitpunkt zwischen konkurrierenden Stimuli aus
- Geteilte Aufmerksamkeit: simultanes Aufteilen der Aufmerksamkeit auf unterschiedliche Stimuli („Multitasking")
- Konzentration: Aufrechterhalten der Aufmerksamkeit auf einen spezifischen Stimulus über eine gewisse Zeitspanne

Denkprozesse hingegen generieren eine Vielzahl von Lösungen für die Problemstellung, gerade auch Lösungen die neu, unerwartet oder überraschend sind (im Sport: Memmert & Roth, 2007).

Unter Kreativität oder divergentem Denken im Sport verstehen wir überraschende, originelle und flexible taktische und motorische Lösungen, zum Beispiel No-look-Pässe; Schnittstellenbälle oder bestimmte Dribblings und Laufwege. Erste empirische Evidenz zur Bedeutung von taktischer Kreativität im professionellen Fußball stammt aus einer Studie von Kempe und Memmert (2018).

Verschiedene methodische Möglichkeiten zur sportartspezifischen Schulung von taktischer Kreativität wurden vorgeschlagen, entwickelt und wissenschaftlich evaluiert (für einen Überblick: Memmert, 2015). Auf einer methodischen Ebene haben die sieben Prinzipien Deliberate-Play (Côté et al., 2007), 1-Dimension-Games (Memmert, 2004; Memmert & Roth, 2003), Diversifikation (Memmert, 2006b; Memmert & Roth, 2007), Deliberate-Coaching (Furley & Memmert, 2005; Memmert, 2005), Deliberate-Memory (Furley & Memmert, 2010), Deliberate-Practice (Memmert et al., 2010) und Deliberate-Motivation (Memmert et al., 2013) – quasi die sieben Ds der Kreativitätsschulung im Sport – Einzug in die Praxis gefunden (Memmert, 2015). Ihre Anordnung ist nicht zufällig, sondern entspricht einer chronologischen Reihung. Während die vier ersten Prinzipien eher für das Kinder- und Jugendtraining geeignet erscheinen, können alle sechs Prinzipien auch im Erwachsenentraining eingesetzt werden. Auch ist darauf hinzuweisen, dass die Prinzipien 1-Dimension-Games, Deliberate Play, Deliberate Practice und Diversification sich auf eine mittelfristige und planerische Ebene beziehen, z. B. von einer oder mehrerer Trainingseinheiten, wohingegen deliberate motivation, deliberate coaching und deliberate memory die Interaktion von Trainern und Spielern und damit eine eher kurzfristige zeitliche Sequenz beschreiben.

Die Ds können zum Beispiel Berücksichtigung finden, wenn sportartspezifische taktische Inhalte geschult werden (z. B. Basisbausteine: Memmert & Breihofer, 2006; Memmert et al., 2014), aber auch sportartübergreifende Basistaktiken (allgemeine Ballschule: Roth & Kröger, 2011; Ballschule Rückschlagspiele: Roth et al., 2002; Ballschule Wurfspiele: Roth et al., 2006).

Spielintelligenz

In Mannschafts- und Rückschlagsportarten versteht man unter taktischer Spielintelligenz (im englischen decision-making) oder konvergenten taktisches Denken die Produktion von einer „best" Lösung zu Problemen in spezifischen individual-, gruppen- oder mannschaftstaktischen Spielsituationen (Memmert, 2013). Häufig wird im Sport einfach von „Taktik" gesprochen, was die strategischen Entscheidungen und Handlungen eines Spielers oder Teams umfasst. Es ist jedoch nicht möglich, an dieser Stelle einen umfassenden Überblick über die Taktikforschung im Sport zu geben. Es gibt jedoch zahlreiche Arbeiten in der Bewegungswissenschaft und Sportpsychologie, die sich mit diesem Thema befassen und verschiedene Aspekte der taktischen Intelligenz im Sport untersuchen (Höner, 2005; Memmert, 2004; Raab, 2001; Roth, 1989, 2005). Für einen aktuellen zusammenfassenden Überblick über Theorien und Modelle zur taktischen Spielintelligenz kann auf die Arbeit von König und Memmert (2019) verwiesen werden.

Basistaktiken sind ein fester Bestandteil zahlreicher Lehrpläne und Trainingskonzeptionen in verschiedenen Alters- und Leistungsklassen (allgemeine Ballschule: Kröger & Roth, 1999; Roth & Kröger, 2011; Ballschule Rückschlagspiele: Roth et al., 2002; Ballschule Wurfspiele: Roth et al., 2006; Fußball: Memmert et al., 2014).

Arbeitsgedächtnis
Das Arbeitsgedächtnis spielt eine zentrale Rolle bei der Ausführung kognitiver Aufgaben, da es Informationen kurzfristig bereithält, manipuliert und koordiniert (Baddeley, 2007). Dies ist besonders wichtig für komplexe kognitive Leistungen, da nahezu alle Aufgaben eine zeitweilige Bereitstellung von Information erfordern (Engle, 2002). Im Bereich des Sports ist das Arbeitsgedächtnis von besonderem Interesse, insbesondere seine Kapazität und Funktionsweise (im Überblick, Furley & Memmert, 2010).

Die Funktionsweise des Arbeitsgedächtnisses, bei der Informationen kurzfristig bearbeitet und strukturiert werden, hat direkte Auswirkungen auf das Entscheidungstraining im Sportspiel (Furley & Memmert, 2013). Aktuelle Studien zeigen, dass die Inhalte des Arbeitsgedächtnisses die Aufmerksamkeit eines Menschen oder Athleten beeinflussen können, indem sie die Aufmerksamkeit auf relevante Objekte im visuellen Feld lenken (Conway et al., 2007). Darüber hinaus konnte gezeigt werden, dass die Kapazität des Arbeitsgedächtnisses Vorhersagen darüber ermöglicht, welche Athleten in der Lage sind, ihre Aufmerksamkeit gezielt zu kontrollieren, indem sie irrelevante Reize ausblenden und Interferenzen vermeiden (Furley & Memmert, 2012; Furley et al., 2010).

Insgesamt unterstreicht die Forschung die Bedeutung des Arbeitsgedächtnisses für komplexe kognitive Leistungen im Sport und legt nahe, dass das Training und die Entwicklung des Arbeitsgedächtnisses wichtige Komponenten für die Leistungsfähigkeit von Athleten sein können.

Zu allen Kognitionen gibt es mittlerweile eine Reihe von kognitiven Testverfahren, die in verschiedenen Projekten am Institut für Trainingswissenschaft und Sportinformatik entwickelt sowie eingesetzt wurden und werden (vgl. Memmert, 2019). Dazu zählen der Attention Window Test (Hüttermann et al., 2013; Hüttermann et al., 2014), der etablierte Arbeitsgedächtnistest von Conway et al., (2005; im Sport Furley & Memmert, 2012, 2013), der Perceptual Load Test von Beck und Lavie (2005; im Sport: Furley et al., 2013), der Multiple Object Tracking Test (Alvarez & Franconeri, 2005; im Sport: Romeas et al., 2016). Zudem gibt es validierte Video-Tests (Furley & Memmert, 2015; Memmert, 2010a, b; Memmert et al., 2013) und feldnahe Spieltestsituationen (Memmert, 2004, 2006, 2010a, b; Memmert & Roth, 2007) zur Erfassung von Spielintelligenz und Kreativität.

Abschließend muss darauf hingewiesen werden, dass die Identifikation, Transfer und Wirksamkeit von kognitiven Fähigkeiten ein hochaktuelles Thema in der Sportpsychologie (Furley et al., 2023) und in der Mutterwissenschaft Psychologie ist (u. a. Simons et al., 2016; Hambrick et al., 2019), welches erst am Anfang steht. Damit ist die Anzahl der Studien noch begrenzt, die methodische Qualität variiert und nicht alle Studien weisen Zusammenhänge zwischen kognitiven Fähigkeiten und sportlicher Leistung auf (vgl. Furley et al., 2017). Was final bedeutet: „Further research is needed!".

Literatur

Alvarez, G. A., & Franconeri, S. L. (2005). How many objects can you track? Evidence for a flexible tracking resource. *Journal of Vision, 5,* 641–641.
Baddeley, A. D. (2007). *Working Memory, Thought, and Action.* University Press.
Beck, D. M., & Lavie, N. (2005). Look here but ignore what you see: Effects of distractors at fixation. *Journal of Experimental Psychology: Human Perception and Performance, 31,* 592.
Bishop, D. T., Wright, M. J., Jackson, R. C., & Abernethy, B. (2013). Neural bases for anticipation skill in soccer: An FMRI study. *Journal of Sport & Exercise Psychology, 35,* 98–109.
Cauraugh, J. H., & Janelle, C. M. (2002). Visual search and cue utilisation in racket sports. In K. Davids, G. J. P. Savelsbergh, S. J. Bennett, & J. Van Der Kamp (Hrsg.), *Interceptive Actions in Sport* (S. 64–89). Routledge
Conway, A. R., Kane, M. J., Bunting, M. F., Hambrick, D. Z., Wilhelm, O., & Engle, R. W. (2005). Working memory span tasks: A methodological review and user's guide. *Psychonomic Bulletin & Review, 12,* 769–786.
Conway, A. R. A., Jarrold, C., Kane, M. J., Miyake, A., & Towse, J. N. (2007). *Variation in Working Memory.* Oxford University Press.
Côté, J., Baker, J., & Abernethy, B. (2007). Practice and play in the development of sport expertise. In G. Tenenbaum & R. C. Eklund (Hrsg.), *Handbook of Sport Psychology* (S. 184–202). Wiley.
Coull, J. T. (1998). Neural correlates of attention and arousal: Insights from electrophysiology, functional neuroimaging and psychopharmacology. *Progress in Neurobiology, 55,* 343–361.
Engle, R. W. (2002). Working memory capacity as executive attention. Current directions. *Psychological science, 11*(1), 19–23.
Furley, P., & Memmert, D. (2005). Provozieren vor instruieren! Zur Aufmerksamkeitsfokussierung im Sportspiel. *Sportpraxis, 6,* 22–24.
Furley, P., & Memmert, D. (2010). The role of working memory in sports. *International Review of Sport and Exercise Psychology, 3,* 171–194.
Furley, P., & Memmert, D. (2012). Working Memory Capacity as controlled attention in tactical decision-making. *Journal of Sport and Exercise Psychology, 34,* 322–344.
Furley, P., & Memmert, D. (2013). „Whom should I pass to?" The more options the more attentional guidance from working. *PLoS ONE, 8,* Article e62278.
Furley, P., & Memmert, D. (2015). Creativity and Working Memory Capacity in Sports: Working Memory Capacity Is not a Limiting Factor in Creative Decision Making amongst Skilled Performers. *Frontiers in Psychology.*
Furley, P., Memmert, D., & Heller, C. (2010). The dark side of visual awareness in sport – Inattentional blindness in a real-world basketball task. *Attention, Perception & Psychophysics, 72,* 1327–1337.
Furley, P., Memmert, D., & Schmid, S. (2013). Perceptual load in sport and the heuristic value of the perceptual load paradigm in examining expertise-related perceptual-cognitive adaptations. *Cognitive Processing, 14,* 31–42.
Furley, P., Schul, K., & Memmert, D. (2017). Das Experten-Novizen-Paradigma und die Vertrauenskrise in der Psychologie. *Zeitschrift für Sportpsychologie, 23,* 131–140.
Furley, P., Schütz, L. M., & Wood, G. (2023). A critical review of research on executive functions in sport and exercise. *International Review of Sport and Exercise Psychology,* 1–29.
Guilford, J. P. (1967). *The Nature of Human Intelligence.* McGraw-Hill.

Güldenpenning, I., Kunde, W., & Weigelt, M. (2017). How to Trick Your Opponent: A Review Article on Deceptive Actions in Interactive Sports. *Frontier in Psychology, 8,* 917.
Hambrick, D. Z., Burgoyne, A. P., & Oswald, F. L. (2019). Domain-general models of expertise: The role of cognitive ability. In P. Ward, J. M. Schraagen, J. Gore, & E. Roth (Hrsg.), *Oxford handbook of expertise: Research and application.* Oxford UP.
Höner, O. (2005). *Entscheidungshandeln im Sportspiel Fußball: Eine Analyse im Lichte der Rubikontheorie.* Schorndorf.
Hüttermann, S., Memmert, D., Simons, D. J., & Bock, O. (2013). Fixation Strategy Influences the Ability to Focus Attention on Two Spatially Separate Objects. *PLoS ONE, 8,* Article e65673.
Hüttermann, S., Simons, D., & Memmert, D. (2014). The size and shape of the attentional „spotlight" varies with differences in sports expertise. *Journal of Experimental Psychology: Applied, 20,* 147–157.
Hüttermann, S., Noël, B., & Memmert, D. (2018). Eye tracking in high-performance sports: Evaluation of its application in expert athletes. *International Journal of Computer Science in Sport, 17,* 182–203.
Kempe, M., & Memmert, D. (2018). „Good, better, creative": The influence of creativity on goal scoring in elite soccer. *Journal of Sports Sciences,* 1–5.
Knudsen, E. (2007). Fundamental components of attention. *Annual Review of Neuroscience, 30,* 57–78.
König, S., & Memmert, D. (2019, in press). Taktik und Taktiktraining im Sport – Anwendungsbereiche, Diagnostik, Trainingsformen, Organisation, Methoden, Anpassungen. In M. Fröhlich & A. Güllich (Hrsg.), *Sportmotorik, Bewegung und Training.* Springer.
Kredel, R., Vater, C., Klostermann, A., & Hossner, E. (2017). Eye-tracking technology and the dynamics of natural gaze behavior in sports: A systematic review of 40 years of research. *Frontiers in Psychology, 8,* 1–15.
Kröger, Ch., & Roth, K. (1999). *Ballschule. Ein ABC für Spielanfänger.* Hofmann
Loffing, F., Cañal-Bruland, R., & Hagemann, N. (2014). Antizipationstraining im Sport. In K. Zentgraf & J. Munzert (Hrsg.), *Kognitives Training im Sport* (S. 137–161). Hogrefe.
Magill, R. A. (1998). Knowledge is more than we can talk about: Implicit learning in motor skill acquisition. *Research Quarterly for Exercise and Sport, 69,* 104–110.
Mann, D. T., Williams, A. M., Ward, P., & Janelle, C. M. (2007). Perceptual-cognitive expertise in sport: A meta-analysis. *Journal of Sport & Exercise Psychology., 29,* 457–478.
Masters, R. S. W., van der Kamp, J., & Jackson, R. C. (2007). Imperceptibly off-center goalkeepers influence penalty-kick direction in soccer. *Psychological Science, 18,* 222–223.
Memmert, D. (2004). *Kognitionen im Sportspiel.* Sport & Buch Strauß.
Memmert, D. (2005). Komplextraining. In A. Hohmann, M. Kolb, & K. Roth (Hrsg.), *Handbuch Sportspiel* (S. 359–364). Hofmann.
Memmert, D. (2006b). Wann soll man spezialisieren? – Kreativität als Indikator auf der 1. und 2. Stufe des MSIL. In K. Weber, D. Augustin, P. Maier, & K. Roth (Hrsg.). *Wissenschaftlicher Transfer für die Praxis: Ausbildung – Training – Wettkampf* (S. 59–64). Sport & Buch Strauß.
Memmert, D. (2009). Pay attention! A review of attentional expertise in sport. *International Review of Sport & Exercise Psychology, 2,* 119–138.
Memmert, D. (2010a). Creativity, Expertise, and Attention: Exploring their Development and their Relationships. *Journal of Sport Science, 29,* 93–104.
Memmert, D. (2010b). Testing of Tactical Performance in Youth Elite Soccer. *Journal of Sports Science & Medicine, 9,* 199–205.
Memmert, D. (2013). Leistungsfaktoren im Sportspiel. In A. Güllich & M. Krüger (Hrsg.), *Sport – Das Lehrbuch für das Sportstudium* (S. 561–562). Springer.
Memmert, D. (2015). *Teaching Tactical Creativity in Team and Racket Sports: Research and Practice.* Routledge.

Memmert, D. (2017a). Tactical Creativity in Sport. In J. Kaufman, V. Glăveanu, & J. Baer (Hrsg.), *The Cambridge Handbook of Creativity across Domains* (S. 479–491). Cambridge University Press.

Memmert, D. (2017b). Sports and Creativity. In M.A. Runco und S.R. Pritzker (Hrsg.) *Encyclopedia of Creativity*, (2. Aufl., S. 373–378). Academic Press.

Memmert, D. (2019). *Fußballspiele werden im Kopf entschieden: Kognitives Training, Kreativität und Spielintelligenz im Amateur- und Leistungsbereich*. Meyer & Meyer.

Memmert, D., & Breihofer, P. (2006). *Doppelstunde Fußball*. Hofmann.

Memmert, D., & Furley, P. (2007). „I spy with my little eye!" – Breadth of attention, inattentional blindness, and tactical decision making in team sports. *Journal of Sport & Exercise Psychology, 29*, 365–347.

Memmert, D. & Furley, P. (2012). Aufmerksamkeit. M. Krüger & A. Güllich (Hrsg.), *Bachelor-Kurs Sport. Ein Lehrbuch für das Studium der Sportwissenschaft*. Springer-Verlag.

Memmert, D., & König, S. (2021). *Handballspiele werden im Kopf entschieden: Kognitives Training, Kreativität und Spielintelligenz im Amateur- und Leistungsbereich*. Meyer & Meyer.

Memmert, D., & König, S. (2022). *Basketballspiele werden im Kopf entschieden: Kognitives Training, Kreativität und Spielintelligenz im Amateur- und Leistungsbereich*. Meyer & Meyer. Link

Memmert, D., & Leiner, S. (2020). *Tennisspiele werden im Kopf entschieden: Kognitives Training, Kreativität und Spielintelligenz im Amateur- und Leistungsbereich*. Meyer & Meyer.

Memmert, D., & Roth, K. (2003). Individualtaktische Leistungsdiagnostik im Sportspiel. *Spektrum der Sportwissenschaft, 15*, 44–70.

Memmert, D., & Roth, K. (2007). The effects of non-specific and specific concepts on tactical creativity in team ball sports. *Journal of Sports Sciences, 25*, 1423–1432.

Memmert, D., Baker, J., & Bertsch, C. (2010). Play and Practice in the Development of Sport-Specific Creativity in Team Ball Sports. *High Ability Studies, 21*, 3–18.

Memmert, D., Hüttermann, S., & Orliczek, J. (2013). Decide like Lionel Messi! The Impact of Regulatory Focus on Divergent Thinking in Sports. *Journal of Applied Social Psychology, 43*, 2163–2167.

Memmert, D., Thumfart, M., & Uhing, M. (2014). *Optimales Taktiktraining im Kinder-, Jugend- und Leistungsfußball*. Spitta Verlag.

Mirsky, A. F., Anthony, B. J., Duncan, C. C., Ahearn, M. B., & Kellam, S. G. (1991). Analysis of the elements of attention: A neuropsychological approach. *Neuropsychological Review, 2*, 109–145.

Neisser, U. (2014). *Cognitive Psychology*. Classic edition, Psychology Press.

Noël, B., van der Kamp, J., Weigelt, M., & Memmert, D. (2015). Asymmetries in spatial perception are more prevalent under explicit than implicit attention. *Consciousness and Cognition, 34*, 10–15.

Raab, M. (2001). *SMART. Techniken des Taktiktrainings. Taktiken des Techniktrainings*. Strauß.

Romeas, T., Guldner, A., & Faubert, J. (2016). 3D-Multiple Object Tracking training task improves passing decision-making accuracy in soccer players. *Psychology of Sport and Exercise, 22*, 1–9.

Roth, K. (1989). *Taktik im Sportspiel: Zum Erklärungswert der Theorie generalisierter motorischer Programme für die Regulation komplexer Bewegungshandlungen*. Hofmann.

Roth, K. (2005). Taktiktraining. In A. Hohmann, M. Kolb, & K. Roth (Hrsg.), *Handbuch Sportspiel* (S. 342–349). Hofmann.

Roth, K., & Hossner, E. J. (1999). Die funktionalen Betrachtungsweisen. In K. Roth & K. Willimczik (Hrsg.), *Bewegungswissenschaft* (S. 127–225). Rowohlt.

Roth, K., & Kröger, C. (2011). *Ballschule. Ein ABC für Spielanfänger* (4. Aufl.). Hofmann.

Roth, K., Kröger, Ch., & Memmert, D. (2002). *Ballschule Rückschlagspiele*. Hofmann.

Roth, K., Memmert, D., & Schubert, R. (2006). *Ballschule Wurfspiele*. Hofmann.

Scharfen, E., & Memmert, D. (2019). Measurement of Cognitive Functions in Experts and Elite-Athletes: A Meta-Analytic Review. *Applied Cognitive Psychology., 3*, 843–860.

Simons, D. J., Boot, W. R., Charness, N., Gathercole, S. E., Chabris, C. F., Hambrick, D. Z., & Stine-Morrow, E. A. (2016). Do „brain-training" programs work? *Psychological Science in the Public Interest, 17*, 103–186.

Van Zomeren, A. H., & Brouwer, W. H. (1994). *Clinical neuropsychology of attention*. Oxford University Press.

Verburgh, L., Scherder, E. J., Van Lange, P. A., & Oosterlaan, J. (2016). Do Elite and Amateur Soccer Players Outperform Non-Athletes on Neurocognitive Functioning? A Study Among 8–12 Years Old Children. *PloS One, 11*, e:0165741.

Vestberg, T., Gustafson, R., Maurex, L., Ingvar, M., & Petrovic, P. (2012). Executive functions predict the success of top-soccer players. *PloS one, 7,* e34731.

Voss, M. W., Kramer, A. F., Basak, C., Prakash, R. S., & Roberts, B. (2010). Are expert athletes ‚expert' in the cognitive laboratory? A metaanalytic review of cognition and sport expertise. *Applied Cognitive Psychology, 24*, 812–826.

Weigelt, M., & Memmert, D. (2012). Goal-side selection in soccer penalty kicking when viewing natural scenes. *Frontiers in Cognition, 3*, 312. https://doi.org/10.3389/fpsyg.2012.00312.

Williams, A. M., & Jackson, R. C. (Hrsg.). (2019). *Anticipation and decision making in sport.* Routledge.

Kognitives Athletiktraining im Sport

4

Welche Möglichkeiten stehen für die Kombination eines athletischen und kognitiven Trainings bereit? Interessanterweise werden zunehmend psychologische und kognitive Prozesse beim Athletiktraining in der Sportwissenschaft diskutiert. Beispielsweise erfolgt die Energiebereitstellung während Ausdauerleistungen nicht unbedingt konstant über die gesamte Dauer oder Distanz, sondern wird vielmehr selbstregulierend auf die antizipierte Strecke verteilt, um eine vorzeitige Erschöpfung und damit eine vorzeitige Reduzierung oder Abbruch der Leistung zu vermeiden (Bordas und Fruchart, 2023). Für diesen Prozess hat sich der Begriff „Pacing" herausgeprägt (Swain et al., 2020). Er bezeichnet einen kontinuierlichen internen Abgleich zwischen der erwarteten Belastung, früheren Erfahrungen und sensorischem Feedback während der Belastung (Swain et al., 2020). Es werden verschiedene Modelle zur Erklärung von Pacing-Strategien vorgeschlagen und in der Wissenschaft diskutiert (Casado et al., 2021).

Um ähnliche Zusammenhänge systematisch abzubilden, wird an dieser Stelle ein modulares Trainingskonzept vorgeschlagen, welches athletische und konditionelle Komponenten mit Kognitionen verbindet. Auf der Basis der in Kap. 2 und 3 beschriebenen Grundlagen zu beiden Bereichen der motorischen und kognitiven Fähigkeiten werden im Folgenden weiterführende Studien im Rahmen einer 6×4-Matrix zusammengetragen und diskutiert (Tab. 4.1).

Folgende Ergebnisse springen ins Auge: Erstens wurden für die 24 Zellen insgesamt 180 Studien gefunden; das sind im Mittel 7.5 Publikationen pro Zelle. Das bedeutet, dass der gesamte Themenbereich noch am Anfang steht und in Zukunft es weitere Studien bedarf, um robustere Aussagen treffen zu können. Insbesondere sind in den nächsten Jahren weniger korrelative Querschnittsstudien, sondern vielmehr experimemtelle Längsschnittstudien gefragt, um von korrelativen Resultatsmustern zu kausalen Wirkungsmechanismen zu gelangen. Zweitens können nicht alle Felder gefüllt werden. Insbesondere im Bereich Intelligenz und Kreativität sind kaum Studien vorhanden, die die Zusammenhänge mit den athletischen

Tab. 4.1 Ein modulares 6×4-Konzept für ein kognitives Athletiktraining im Sport, ausgewählte Untersuchungen ohne Anspruch auf Vollständigkeit

Athletik/ Kognitionen	Schnelligkeit (46)	Ausdauer (61)	Koordination (57)	Kraft (16)
Antizipation (40)	Wilke und Vogel (2020), Trecroci et al. (2021), Büchel et al. (2022), Smith et al. (2014), Lucia et al. (2021), Bekris et al. (2023), Staiano et al. (2022), Garcia et al. (2023), Suárez et al. (2020), Scharfen und Memmert (2021) (10)	Brown et al. (2020), McMorris (2020), Hyland-Monks et al. (2018), Smith et al. (2014), Smith et al. (2015), Pageaux et al. (2014), Staiano et al. (2023), Dallaway et al. (2020), Miyamoto et al. (2022), Scudder et al. (2016), Ceylan und Saygin (2018), Boat et al. (2020), Chaire et al. (2020), Chacko et al. (2019), Formenti et al. (2020) (15)	Wilke und Vogel (2020), Brown et al. (2020), Smith et al. (2015), Lucia et al. (2021), Bekris et al. (2023), Garcia et al. (2023), Formenti et al. (2019), Scharfen und Memmert (2021), Romeas et al. (2019), Ren et al. (2022), Formenti et al. (2020) (11)	Trecroci et al. (2021), Brown et al. (2020), McMorris (2020), Staiano et al. (2023) (4)
Wahrnehmung (53)	Wilke und Vogel (2020), Trecroci et al. (2021), Büchel et al. (2022), Smith et al. (2014), Moreira et al. (2021), Lucia et al. (2021), Bekris et al. (2023), Staiano et al. (2022), Garcia et al. (2023), Suarez et al. (2020), Scharfen und Memmert (2021), Porter et al. (2015), Manci et al. (2023) (13)	Scharfen & Memmert (2021b), Brown et al. (2020), McMorris (2020), Pageaux und Lepers (2018), Hyland-Monks et al. (2018), Smith et al. (2014), Smith et al. (2015), Pageaux et al. (2014), Staiano et al. (2023), Dallaway et al. (2020), Staiano et al. (2022), Miyamoto et al. (2022), Alves et al. (2013), Scudder et al. (2016), Chaire und et al. (2020), Formenti et al. (2020), Altermann und Gröpel (2023) (18)	Policastro et al. (2018), Wilke und Vogel (2020), Brown et al. (2020), Pageaux und Lepers (2018), Smith et al. (2015), Moreira et al. (2021), Lucia et al. (2021), Bekris et al. (2023), Garcia et al. (2023), Formenti et al. (2019), Afshar et al. (2019), Scharfen und Memmert (2021), Romeas et al. (2019), Ren et al. (2022), Formenti et al. (2020), Rogge et al. (2017), Latino et al. (2021) (17)	Trecroci et al. (2021), Brown et al. (2020), McMorris (2020), Staiano et al. (2023), Grgic und Mikulic (2021) (5)

(Fortsetzung)

Tab. 4.1 (Fortsetzung)

Athletik/ Kognitionen	Schnelligkeit (46)	Ausdauer (61)	Koordination (57)	Kraft (16)
Aufmerksamkeit (58)	Wilke und Vogel (2020), Trecroci et al. (2021), Büchel et al. (2022), Smith et al. (2014), Moreira et al. (2021), Lucia et al. (2021), Bekris et al. (2023), Staiano et al. (2022), Garcia et al. (2023), Suarez et al. (2020), Scharfen und Memmert (2021), Porter et al. (2015), Herold et al. (2022), Manci et al. (2023), Huertas et al. (2011) (15)	Scharfen & Memmert (2021), Brown et al. (2020), McMorris (2020), Pageaux und Lepers (2018), Hyland-Monks et al. (2018), Smith et al. (2014), Smith et al. (2015), Pageaux et al. (2014), Staiano et al. (2023), Dallaway et al. (2020), Staiano et al. (2022), Miyamoto et al. (2022), Alves et al. (2013), Scudder et al. (2016), Chaire et al. (2020), Chacko et al. (2019), Formenti et al. (2020), Altermann und Gröpel (2023) (18)	Policastro et al. (2018), Scharfen & Memmert (2019), Wilke und Vogel (2020), Brown et al. (2020), Pageaux und Lepers (2018), Smith et al. (2015), Moreira et al. (2021), Lucia et al. (2021), Bekris et al. (2023), Garcia et al. (2023), Formenti et al. (2019), Afshar et al. (2019), Scharfen und Memmert (2021), Romeas et al. (2019), Ren et al. (2022), Formenti et al. (2020), Rogge et al. (2017), Latino et al. (2021), Altermnn & Gröpel (2022) (19)	Trecroci et al. (2021), Brown et al. (2020), McMorris (2020), Staiano et al. (2023), Grgic und Mikulic (2021), Altermann und Gröpel (2023) (6)
Kreativität (4)	Colzato et al. (2013) (1)	Aga et al. (2021), Colzato et al. (2013) (2)	Colzato et al. (2013) (1)	(0)
Intelligenz (6)	Colzato et al. (2013) (1)	Pageaux und Lepers (2018), Aga et al. (2021), Colzato et al. (2013) (3)	Pageaux und Lepers (2018), Colzato et al. (2013) (2)	(0)
Arbeitsgedächtnis (19)	Scharfen & Memmert (2021), Wilke und Vogel (2020), Moreira et al. (2021), Herold et al. (2022), Manci et al. (2023), Huertas et al. (2011) (6)	Scharfen & Memmert (2021), Pageaux und Lepers (2018), Hyland-Monks et al. (2018), Scudder et al. (2016), Chaire et al. (2020) (5)	Policastro et al. (2018), Scharfen & Memmert (2019), Wilke und Vogel (2020), Pageaux und Lepers (2018), Moreira et al. (2021), Rogge et al. (2017), Latino et al. (2021) (7)	Scharfen & Memmert (2021) (1)

Faktoren thematisieren. Drittens, muss konstatiert werden, dass der Großteil der Studien den Effekt von körperlicher Aktivität bzw. Training (z. B. Laufleistung) auf kognitive Fähigkeiten (z. B., Aufmerksamkeit) zeigen (z. B. Propriozeptions-Training auf die Verbesserung der Wahrnehmung). Viertens gibt es nur wenige Studien, die zeigen, dass kognitive Leistungen mit Kraft zusammenhängen. Fünftens ist noch ungeklärt, welche Mechanismen oder Modelle sich insgesamt für die Zusammenhänge in den einzelnen Zellen verantwortlich zeigen könnten (vgl. Staiano et al., 2018). Es fehlt an Evidenz, dass bessere kognitive Leistungen auch zu besseren athletischen Kompetenzen führen können. Eine Ausnahme bildet die etwas robustere Befundlage, die „mental Fatigue" und dessen Einfluss auf physische Parameter untersucht (z. B., McMorris, 2020; Brown et al., 2020; Pageaux & Lepers, 2018; Hyland-Monks et al., 2018). An dieser Stelle können nicht alle 180 Studien im Detail diskutiert werden, für eine zusammenfassende Kurz-Darstellung wird auf eine Abschlussarbeit von Bayer (2024) verwiesen.

Nachfolgend wird eine Studie exemplarisch für technisch-koordinative Aufgaben im Sport angesprochen. Eine Querschnittsstudie von Scharfen und Memmert (2019) mit hochtalentierten Nachwuchsleistungs-Fußballern hat beispielsweise gezeigt, dass ein großes Aufmerksamkeitsfenster für komplexe motorische Fähigkeiten wie Dribbeln von Vorteil sein kann. Ebenso deutet eine geringere Ablenkbarkeit auf eine höhere Geschwindigkeit beim Sprint hin (siehe auch McMorris, 2020), und ein besseres Arbeitsgedächtnis könnte sich positiv auf Ballkontrolle und Dribbling auswirken.

Abschließend muss konstatiert werden, dass deutlich mehr Studien und wissenschaftliche Ergebnisse von Nöten sind, um ein modulares kognitives Athletiktraining im Sport empirisch zu stützen. Dennoch geben die ersten Studien Hoffnung, dass der Weg „richtig" sein kann. An dieser Stelle wird die Auffassung vertreten, dass die Praxis nicht darauf warten kann, bis Theorie und Empirie alle Aspekte bis ins letzte Detail geklärt hat. Insbesondere deshalb, weil Trainer bereits seit einigen Jahren ihre konditionellen Übungen und Spielformen immer öfters auch mit kognitiven Zusatzaufgaben verbinden.

Sowohl in der Trainingswissenschaft als auch in der Sportspielforschung haben sich sogenannte „Kleinfeldspiel" (engl. „Small-Sided Games [SSG]) als geeignete Trainingsmethode für die Schulung verschiedener athletischer und kognitiver Faktoren etabliert (im Überblick: Hill-Haas et al., 2011). Kleinfeldspiele werden als Adaptionen realer Spiele definiert, die die Spielkomplexität in kleine Teile reduzieren, z. B., das auf reduzierten Spielfeldflächen, mit geänderten Regeln, oder mit einer kleineren Anzahl von Spielern gespielt wird (z. B. Hill-Haas et al., 2011; Manuel Clemente et al., 2012; Memmert, 2015; Schwab & Bergmann, 2023; Schwab & Balle, 2024). Der Literatur zufolge werden diese modifizierten Spiele im Allgemeinen von Trainern zur Entwicklung konditioneller, taktischer, kognitiver und technisch-koordinativer Fähigkeiten verwendet (Gabbett, 2006; Memmert, 2019) und werden hauptsächlich im Fußball oder Basketball eingesetzt.

In diesem Buch werden eine Vielzahl von Spielformen ($N=72$) für Handball beschrieben, die zu den 24 Kombinationen jeweils 3 handballspezifische Spielformen anbieten. Bei der Entwicklung von Trainingsmethoden und Übungen wurden verschiedene Ansätze verfolgt. Einerseits haben wir bestehende Spiele und Übungen aus der Literatur gesammelt und bei Bedarf angepasst oder modifiziert, um sie mit spezifische Anforderungen und Zielen abzustimmen. Dies ermöglicht eine effiziente Nutzung bereits etablierter Methoden und Konzepte, die in der Vergangenheit erfolgreich waren.

Andererseits wurden auch neue Spiele und Übungen entwickelt. Diese neuen Ansätze wurden nicht nur konzipiert, sondern auch zum großen Teil in der Praxis erprobt, um ihre Wirksamkeit und Anwendbarkeit zu gewährleisten. Durch diese Kombination aus bewährten Methoden und innovativen Ansätzen kann ein breites Spektrum an Trainingsmöglichkeiten geschaffen werden.

Für die Umsetzung dieser Übungen ist grundlegendes Equipment erforderlich, das in den meisten Fällen relativ einfach zugänglich ist. Dazu gehören Spielfeldmarkierungen für die Abgrenzung von Spielfeldern, mehrere Bälle sowie Parteibänder oder Leibchen, um Teams zu kennzeichnen. Zusätzlich können Hilfsmittel wie Stoppuhren, Kartensets oder Trillerpfeifen verwendet werden, um Zeiten einzuhalten, Signale zu geben und die Gruppe zusammenzurufen. Diese Ausrüstung trägt dazu bei, die Übungen effektiv durchzuführen und den Trainingsprozess zu optimieren.

Literatur

Afshar, A., Baqerli, J., & Taheri, M. (2019). The effect of visual training on the rate of performance accuracy in girl soccer players. *International Archives of Health Sciences, 6*(2), 108. https://doi.org/10.4103/iahs.iahs_5_19.

Aga, K., Inamura, M., Chen, C., Hagiwara, K., Yamashita, R., Hirotsu, M., ... & Nakagawa, S. (2021). The effect of acute aerobic exercise on divergent and convergent thinking and its influence by mood. *Brain Sciences, 11*(5), 546.

Altermann, W., & Gröpel, P. (2023). Effects of acute endurance, strength, and coordination exercise interventions on attention in adolescents: A randomized controlled study. *Psychology of Sport and Exercise, 64*, Article 102300.

Alves, H., Voss, M. W., Boot, W. R., Deslandes, A., Cossich, V., Salles, J. I., & Kramer, A. F. (2013). Perceptual-Cognitive expertise in elite volleyball players. *Frontiers in Psychology, 4*. https://doi.org/10.3389/fpsyg.2013.00036.

Bayer, A. (2024). Kognitives Training in den Spielsportarten: Wechselwirkungen und Effekte von kognitivem Training auf die athletischen Aspekte. BA-Arbeit, Deutsche Sporthochschule Köln.

Bekris, E., Gioldasis, A., Souglis, A., Zacharakis, E., & Smirniotou, A. (2023). Enhancing Soccer-SpeciFC motor Skills through Visual Training: A Quasi-Experimental Study in young Soccer players. *Baltic Journal of Sport and Health Sciences, 2*(129), 28–38. https://doi.org/10.33607/bjshs.v2i129.1381.

Boat, R., Morris, M., & Duncan, M. J. (2020). Effects of exercise intensity on anticipation timing performance during a cycling task at moderate and vigorous intensities in children aged 7–11 years. *European Journal of Sport Science, 20*(4), 525–533.

Bordas, A., & Fruchart, E. (2023). Pacing strategy in trail running: A cognitive subtractive model of the affective balance between effort and pleasure? *Psychology of Sport and Exercise, 67*, Article 102409.

Brown, D. M., Graham, J. D., Innes, K. I., Harris, S., Flemington, A., & Bray, S. R. (2020). Effects of prior cognitive exertion on physical performance: A systematic review and meta-analysis. *Sports Medicine*.

Büchel, D., Gokeler, A., Heuvelmans, P., & Baumeister, J. (2022). Increased Cognitive Demands Affect Agility Performance in Female Athletes – Implications for Testing and Training of Agility in Team Ball Sports. *Perceptual and Motor Skills, 129*(4), 1074–1088. https://doi.org/10.1177/00315125221108698

Casado, A., Hanley, B., Jiménez-Reyes, P., & Renfree, A. (2021). Pacing profiles and tactical behaviors of elite runners. *Journal of Sport and Health Science, 10*(5), 537–549.

Ceylan, H. I., & Saygin, O. (2018). Acute effect of various exercise intensities on cognitive performance. *European Journal of Physical Education and Sport Science*

Chacko, S. C., Quinzi, F., De Fano, A., Bianco, V., Mussini, E., Berchicci, M., Perri, R. L., & Di Russo, F. (2019). A single bout of vigorous-intensity aerobic exercise affects reactive, but not proactive cognitive brain functions. *International Journal of Psychophysiology, 147*, 233–243. https://doi.org/10.1016/j.ijpsycho.2019.12.003.

Chaire, A., Becke, A., & Düzel, E. (2020). Effects of physical exercise on working memory and attention-related neural oscillations. *Frontiers in Neuroscience, 14*, Article 500793.

Colzato, L. S., Szapora Ozturk, A., Pannekoek, J. N., & Hommel, B. (2013). The impact of physical exercise on convergent and divergent thinking. *Frontiers in Human Neuroscience, 7*, 824.

Dallaway, N., Lucas, S. J., & Ring, C. (2020). Concurrent brain endurance training improves endurance exercise performance. *Journal of Science and Medicine in Sport, 24*(4), 405–411. https://doi.org/10.1016/j.jsams.2020.10.008.

Formenti, D., Cavaggioni, L., Duca, M., Trecroci, A., Rapelli, M., Alberti, G., ... & Iodice, P. (2020). Acute effect of exercise on cognitive performance in middle-aged adults: Aerobic versus balance. *Journal of Physical Activity and Health, 17*(8), 773–780.

Formenti, D., Duca, M., Trecroci, A., Ansaldi, L., Bonfanti, L., Alberti, G., & Iodice, P. (2019). Perceptual vision training in non-sport-specific context: Effect on performance skills and cognition in young females. *Scientific Reports, 9*(1). https://doi.org/10.1038/s41598-019-55252-1.

Gabbett, T. J. (2006). Skill-based conditioning games as an alternative to traditional conditioning for rugby league players. *The Journal of Strength & Conditioning Research, 20*(2), 306–315.

Garcia, W., Bonet, L. R. S., Romagnoli, M., & Ring, C. (2023). Mental Fatigue: The Cost of Cognitive Loading on Weight Lifting, Resistance Training, and Cycling Performance. *International Journal of Sports Physiology and Performance, 18*(5), 465–473. https://doi.org/10.1123/ijspp.2022-0356.

Grgic, J., & Mikulic, P. (2021). Effects of attentional focus on muscular endurance: A meta-analysis. *International Journal of Environmental Research and Public Health, 19*(1), 89.

Herold, F., Behrendt, T., Meißner, C., Müller, N. G., & Schega, L. (2022). The influence of acute sprint interval training on cognitive performance of healthy younger adults. *International Journal of Environmental Research and Public Health, 19*(1), 613.

Hill-Haas, S. V., Dawson, B., Impellizzeri, F. M., & Coutts, A. J. (2011). Physiology of small-sided games training in football: A systematic review. *Sports Medicine, 41*, 199–220.

Huertas, F., Zahonero, J., Sanabria, D., & Lupiáñez, J. (2011). Functioning of the attentional networks at rest vs. during acute bouts of aerobic exercise. *Journal of Sport and Exercise Psychology, 33*(5), 649–665.

Hyland-Monks, R., Cronin, L., McNaughton, L., & Marchant, D. (2018). The role of executive function in the self-regulation of endurance performance: A critical review. *Progress in brain research, 240*, 353–370.

Latino, F., Cataldi, S., & Fischetti, F. (2021). Effects of a coordinative ability-training program on adolescents' cognitive functioning. *Frontiers in Psychology, 12*, Article 620440.

Lucia, S., Bianco, V., Boccacci, L., & Di Russo, F. (2021). Effects of a Cognitive-Motor Training on Anticipatory Brain Functions and Sport Performance in Semi-Elite Basketball Players. *Brain Sciences, 12*(1), 68. https://doi.org/10.3390/brainsci12010068

Manci, E., Herold, F., Günay, E., Güdücü, Ç., Müller, N. G., & Bediz, C. Ş. (2023). The influence of Acute Sprint interval training on the cognitive performance of male basketball players: An investigation of expertise-related differences. *International Journal of Environmental Research and Public Health, 20*(6), 4719.

Manuel Clemente, F., Couceiro, M., ML Martins, F., & Mendes, R. (2012). Team's performance on FIFA U17 World Cup 2011: Study based on notational analysis. *Journal of Physical Education and Sport, 12*(1), 13–17.

McMorris, T. (2020). Cognitive Fatigue Effects on Physical Performance: The Role of Interoception. *Sports Medicine, 50*(10), 1703–1708.

Memmert, D. (2015). *Teaching Tactical Creativity in Team and Racket Sports: Research and Practice*. Routledge.

Memmert, D. (2019). *Fußballspiele werden im Kopf entschieden: Kognitives Training, Kreativität und Spielintelligenz im Amateur- und Leistungsbereich*. Meyer & Meyer.

Miyamoto, T., Sotobayashi, D., Ito, G., Kawai, E., Nakahara, H., Ueda, S., ... & Kinoshita, H. (2022). Physiological role of anticipatory cardiorespiratory responses to exercise. *Physiological Reports, 10*(5), e15210.

Moreira, P. E. D., De Oliveira Dieguez, G. T., Da Glória Teles Bredt, S. & Praça, G. M. (2021). The Acute and Chronic Effects of Dual-Task on the Motor and Cognitive Performances in Athletes: A Systematic Review. *International Journal of Environmental Research and Public Health, 18*(4), 1732. https://doi.org/10.3390/ijerph18041732.

Pageaux, B., & Lepers, R. (2018). The effects of mental fatigue on sport-related performance. *Progress in Brain Research, 240*, 291–315.

Pageaux, B., Lepers, R., Dietz, K. C., & Marcora, S. M. (2014). Response inhibition impairs subsequent self-paced endurance performance. *European Journal of Applied Physiology, 114*(5), 1095–1105. https://doi.org/10.1007/s00421-014-2838-5.

Policastro, F., Accardo, A., Marcovich, R., Pelamatti, G., & Zoia, S. (2018). Relation between Motor and Cognitive Skills in Italian Basketball Players Aged between 7 and 10 Years Old. *Sports, 6*(3), 80. https://doi.org/10.3390/sports6030080.

Porter, J. M., Wu, W. F., Crossley, R. M., Knopp, S. W., & Campbell, O. C. (2015). Adopting an external focus of attention improves sprinting performance in low-skilled sprinters. *The Journal of Strength & Conditioning Research, 29*(4), 947–953.

Ren, Y., Wang, C., & Lu, A. (2022). Effects of perceptual-cognitive tasks on inter-joint coordination of soccer players and ordinary college students. *Frontiers in Psychology, 13*, Article 892118.

Rogge, A. K., Röder, B., Zech, A., Nagel, V., Hollander, K., Braumann, K. M., & Hötting, K. (2017). Balance training improves memory and spatial cognition in healthy adults. *Scientific Reports, 7*(1), 5661.

Romeas, T., Chaumillon, R., Labbé, D., & Faubert, J. (2019). Combining 3D-MOT With Sport Decision-Making for Perceptual-Cognitive Training in Virtual Reality. *Perceptual and Motor Skills, 126*(5), 922–948. https://doi.org/10.1177/0031512519860286.

Scharfen, E., & Memmert, D. (2019). Measurement of Cognitive Functions in Experts and Elite-Athletes: A Meta-Analytic Review. *Applied Cognitive Psychology., 3*, 843–860.

Scharfen, H., & Memmert, D. (2021). Fundamental relationships of executive functions and physiological abilities with game intelligence, game time and injuries in elite soccer players. *Applied Cognitive Psychology, 35*(6), 1535–1546.

Schwab, S., & Bergmann, F. (2023). Das reformierte Wettbewerbssystem im deutschen Kinderfußball: Empirische Befunde und deren Implikationen für eine entwicklungsgemäße Spielkonzeption. In S. Greve, J. Süßenbach, & S. Schiemann (Hrsg.), *Diversität im Sportspiel* (Schriften der Deutschen Vereinigung für Sportwissenschaft, Bd. 302, S. 169–190). Feldhaus, Edition Czwalina.

Schwab, S., & Balle, J. (2024). *Fußball – Das Praxisbuch für Training, Studium, Schule und Freizeitsport*. Springer-Verlag.

Scudder, M. R., Drollette, E. S., Szabo-Reed, A. N., Lambourne, K., Fenton, C. I., Donnelly, J. E., & Hillman, C. H. (2016). Tracking the relationship between children's aerobic fitness and cognitive control. *Health Psychology, 35*(9), 967.

Smith, M. R., Coutts, A. J., Merlini, M., Deprez, D., Lenoir, M., & Marcora, S. M. (2015). Mental Fatigue Impairs Soccer-Specific Physical and Technical Performance. *Medicine & Science in Sports & Exercise, 48*(2), 267–276. https://doi.org/10.1249/mss.0000000000000762.

Smith, M. R., Marcora, S. M., & Coutts, A. J. (2014). Mental fatigue impairs intermittent running performance. *Medicine & Science in Sports & Exercise, 47*(8), 1682–1690. https://doi.org/10.1249/mss.0000000000000592.

Staiano, W., Bosio, A., de Morree, H. M., Rampinini, E., & Marcora, S. (2018). The cardinal exercise stopper: Muscle fatigue, muscle pain or perception of effort? *Progress in brain research, 240,* 175–200.

Staiano, W., Merlini, M., Romagnoli, M., Kirk, U., Ring, C., & Marcora, S. (2022). Brain Endurance Training Improves Physical, Cognitive, and Multitasking Performance in Professional Football Players. *International Journal of Sports Physiology and Performance, 17*(12), 1732–1740. https://doi.org/10.1123/ijspp.2022-0144.

Staiano, W., Bonet, L. R. S., Romagnoli, M. & Ring, C. (2023). Mental Fatigue: The Cost of Cognitive Loading on Weight Lifting, Resistance Training, and Cycling Performance. *International Journal of Sports Physiology and Performance, 18*(5), 465–473. https://doi.org/10.1123/ijspp.2022-0356

Suárez, M. C., Serenini, A. L. P., Fernández-Echeverría, C., Collado-Mateo, D., & Arroyo, M. P. M. (2020). The Effect of Decision Training, from a Cognitive Perspective, on Decision-Making in Volleyball: A Systematic Review and Meta-Analysis. *International Journal of Environmental Research and Public Health, 17*(10), 3628. https://doi.org/10.3390/ijerph17103628.

Swain, P., Biggins, J., & Gordon, D. (2020). Marathon pacing ability: Training characteristics and previous experience. *European Journal of Sport Science, 20*(7), 880–886.

Trecroci, A., Duca, M., Cavaggioni, L., Rossi, A., Scurati, R., Longo, S., Merati, G., Alberti, G., & Formenti, D. (2021). Relationship between Cognitive Functions and Sport-Specific Physical Performance in Youth Volleyball Players. *Brain Sciences, 11*(2), 227. https://doi.org/10.3390/brainsci11020227.

Wilke, J., & Vogel, O. (2020). Computerized Cognitive Training with Minimal Motor Component Improves Lower Limb Choice-Reaction Time. *Journal of Sports Science and Medicine, 19*(3), 529–534. https://www.jssm.org/hfpdf.php?volume=19&issue=3&page=529.

Teil II
Praxisteil

Einordnung des Praxisteils 5

Wie alle anderen Mannschaftsspiele ist Handball ein „Null-Summenspiel", d. h., offensive und defensive Spielaktionen und die daraus folgenden Erfolge halten sich die Waage (König & Husz, 2011, S. 101). Insofern ist es berechtigt, beide Bereiche des Spiels, also sowohl die Abwehr als auch den Angriff, für ein kognitives Athletiktraining näher zu betrachten, wozu im Bereich der Abwehr konsequenterweise auch die Position des Torhüters gehört. Hierbei kann zunächst konstatiert werden, dass sowohl Angriffs- als auch Abwehraktionen alle motorischen Fähigkeiten beanspruchen. Gleiches gilt für die in diesem Buch besprochenen kognitiven Fähigkeiten. Die folgenden Beispiele sollen diesen grundlegenden Gedanken verdeutlichen:

- Sowohl in Angriff wie in der Abwehr müssen etwa Passwege oder gegnerische Laufwege antizipiert werden.
- Beide Aufgaben erfordern hohe Wahrnehmungsleistungen; so müssen beispielsweise Gegner und Mitspieler sowie der Ball ständig „im Blick" sein.
- Angreifer wie Verteidiger benötigen überdurchschnittliche Aufmerksamkeit bezüglich relevanter Schlüsselsignale, um rechtzeitig und angemessen zu handeln.
- Stereotype Verhaltensweisen und Lösungen sind sowohl im Angriff als auch in der Verteidigung leicht zu durchschauen, was für beide Bereiche Aufgaben zur Entwicklung eines Kreativitätspotenzials nahelegt.
- Sowohl defensive als auch offensive Spielsituationen erfordern Entscheidungen, also „best" Lösungen, womit beide Trainingsbereiche Spielintelligenz fördern sollten.
- Schließlich können weder Angreifer noch Verteidiger ohne ein gut ausgebildetes Arbeitsgedächtnis agieren; insofern sind Trainingsformen aus beiden Bereichen entsprechend zu gestalten, um kollektive Grundabsprachen, wie z. B. Laufwege im Gegenstoß, ständig präsent zu haben.

Vor diesem Hintergrund entstammen die folgenden Beispiele (Vgl. Tab. 5.1) aus dem Angriffs-, dem Abwehr- und dem Torwarttraining, ohne Anspruch auf eine vollständige Systematik zu haben. Es werden in allen Bereichen einfache und komplexe Übungen, aber auch Spielformen vorgestellt. Wichtig ist den Autoren allerdings, dass deutlich wird, dass ein kognitives Athletiktraining grundsätzlich für alle Bereiche, also Torwart, Abwehr und Angriff, eine hohe Bedeutung hat.

Die Beschreibungen bzw. Skizzen der Spielformen orientieren sich an den üblichen Positionsbezeichnungen und Abkürzungen der Fachliteratur. Sie sind in Abb. 5.1 dargestellt und erklärt.

Für die in den folgenden Kapiteln beschriebenen Übungs- und Spielformen wird ein grundlegendes Equipment vorausgesetzt, welches aber in der Regel in Trainingshallen gegeben ist. Für die meisten Spielformen reichen Spielfeldmarkierungen, mehrere Bälle und Parteibänder oder verschiedenfarbige Leibchen. Sollten weitere Materialien wie Kleinkästen, Minitore, andere oder sehr viele Bälle benötigt werden, wird in der Übungsorganisation darauf hingewiesen. Stoppuhren, ein Kartenset oder Trillerpfeifen können nützliche Helfer sein, um Zeiten einzuhalten, Signale zu geben und die Gruppe zusammenzurufen.

Tab. 5.1 Überblick über Spiel- und Übungsformen

Anforderung	Bezeichnung der Übungs-/Spielform	Trainingswissenschaftliche Anmerkung zur Athletik
Antipation (=> Aufgabenstellungen, bei denen Spieler unter konditionellen und koordinativen Anforderungen relevante Spielaktionen vorhersehen müssen)		
Antizipation & Schnelligkeit	Passzeck	Kurze Sequenzen mit sehr hohem Tempo (Wiederholungsmethode)
	Antizipativ verteidigen	Hohes Tempo
	Gegenstoß 1 gegen 0	Sprinttempo
Antizipation & Ausdauer	Überschlagspiel 2 gegen 1 als Dreier-Handball	Lange Spielphasen
	Spiel 1 gegen 1 in begrenztem Sektor	Hohe Wiederholungszahl
	Transition unlimited	Schnelligkeitsausdauer
Antizipation & Koordination	Wandball	Zeit- und Präzisionsdruck
	Hütchentorball	Zeit-, Präzisions- und Situationsdruck
	Torhüter-Wettkampf	Zeit-, Variabilitäts- & Belastungsdruck
Antizipation & Kraft	Zweikampfübungen mit Ball	Kraftausdauer mit Ball
	Liegestütz-Zweikampf mit Ball	Kraftausdauer mit spielspezifischem Abschluss
	Wurfrichtung antizipieren	Spezifisches Sprungkrafttraining für den TW
Anforderung	**Übungs-/Spielform**	**Trainingswissenschaftliche Anmerkung zur Athletik**
Wahrnehmung (=> Aufgabenstellungen, bei denen Spieler unter konditionellen und koordinativen Anforderungen eine Vielzahl an optischen Informationen verarbeiten müssen)		
Wahrnehmung & Schnelligkeit	Startübungen zum GS auf optische Zeichen	Reaktion auf optische Signale
	Ballwege schließen in der Abwehr	Schnelle abwehrspezifische Bewegungen
	Gegenstoßeröffnung durch den TW	Wahrnehmung von Bällen und Einleiten von Gegenstößen
Wahrnehmung & Ausdauer	Ballannahme von der Außenposition	Längere Belastungszeit bzw. hohe Wiederholungszahl
	Offensivverhalten & Sicherung in der Abwehr	
	Balltransport	
Wahrnehmung & Koordination	Schattenlaufen mit Zusatzübung	Komplexitätsdruck
	Prellen und Balltausch	Komplexitätsdruck
	Doppelter Torwart	Zeit- und Situationsdruck

(Fortsetzung)

Tab. 5.1 (Fortsetzung)

Anforderung	Bezeichnung der Übungs-/Spielform	Trainingswissenschaftliche Anmerkung zur Athletik
Wahrnehmung & Kraft	Zahlenpassen mit Zusatzaufgaben	Schnellkraft
	Abprallerball mit Torwurf	Bewusstes Abdrängen des Gegenspielers
Anforderung	**Übungs-/Spielform**	**Trainingswissenschaftliche Anmerkung zur Athletik**

Aufmerksamkeit (=> Aufgabenstellungen, bei denen Spieler sich unter konditionellen und koordinativen Anforderungen auf optische Stimuli fokussieren müssen)

Aufmerksamkeit & Schnelligkeit	Fangspiel "Jeder gegen jeden"	Schnelle Ausweichbewegungen
	Spiel 1 gegen 2 in Sektoren	Schnelles Reagieren auf optische Signale
	"Nur einer wirft"	Fokussierte Beobachtung potenzieller Werfer und Ballabwehr
Aufmerksamkeit & Ausdauer	Beinarbeit: Aufmerksam und spezifisch	Lange Belastungsdauer
	Spiel 1 gegen 2 im BB-Kreis	Abwehrspezifische Ausdauerschulung
Aufmerksamkeit & Koordination	Zwei-Felder-Passspiel	Präzisionsdruck
	Spiel 1 gegen 2 auf beiden Seiten	Zeitdruck
	Torhüterübung mit Holzbrett	Zeit- & Variabilitätsdruck
Aufmerksamkeit & Kraft	Prellübungen am Ort mit Kraftelementen	Spezifische Belastung großer Muskelgruppen
	Prellübungen in der Bewegung mit Imitationen	Spezifische Belastung großer Muskelgruppen
	Abwehr von Würfen aus dem Rückraum	Torwartspezifisches Verhalten nach Belastung großer Muskelgruppen
Anforderung	**Übungs-/Spielform**	**Trainingswissenschaftliche Anmerkung zur Athletik**

Kreativität (=> Aufgabenstellungen, bei denen Spieler unter konditionellen und koordinativen Anforderungen immer wieder neue Lösungen produzieren und ausprobieren müssen)

Kreativität & Schnelligkeit	Überzahlsituationen variabel lösen	Transition mit höchster Geschwindigkeit
	Schnelle Mitte für Anfänger	Transition mit hoher Geschwindigkeit, Anspielregel beachten!
	Die Verteidigung lesen und kreativ handeln	Hoher Zeitdruck für vielfältige Situationslösungen

(Fortsetzung)

Tab. 5.1 (Fortsetzung)

Anforderung	Bezeichnung der Übungs-/Spielform	Trainingswissenschaftliche Anmerkung zur Athletik
Kreativität & Ausdauer	Variables Abwehrspiel Spiel 2 gegen 2	Hohe Wiederholungszahl
	Überschlagspiel "Variable transition offense"	Lange Spieldauer
Kreativität & Koordination	Wurftraining von Ecken- und Linienaußen	Zeit- & Komplexitätsdruck
	Ungewohnte Abwehrlösungen in Unterzahl finden	Hohe Druck- und Informationsverarbeitungsbedingungen
	Siebenmeter-Killer	Zeit- & Komplexitätsdruck
Kreativität & Kraft	Pass- und Wurfvarianten mit Theraband	Hohe Kraftbelastung bei spielspezifischen Bewegungen
	Abwehrsituation 1 gegen 2 kreativ lösen und umschalten	Hoher Kraftaufwand im Spiel 1 gegen 1
Anforderung	**Übungs-/Spielform**	**Trainingswissenschaftliche Anmerkung zur Athletik**

Spielintelligenz (=> Aufgabenstellungen, bei denen Spieler unter konditionellen und koordinativen Anforderungen immer wieder die beste Lösung für eine Situation produzieren müssen)

Intelligenz & Schnelligkeit	Entscheidungsübung Torwurf	Schnelle Lösung einer einfachen Wurfsituation
	Bälle am Leben halten	Sprint zu einem freien Ball
	Hochgeschwindigkeitshandball	Zyklische Schnelligkeit in spielnaher Situation
Intelligenz & Ausdauer	Sektorenspiel in Überzahl	10 Angriffe nacheinander
	Transition in Überzahl	Lange Spielzeit
	Transition in Gleichzahl	
Intelligenz & Koordination	Wurfübungen von verschiedenen Positionen	Präzisionsdruck
	Abwehrspezifische Entscheidungen "Plus"	Abwehrspezifischer Komplexitätsdruck
Intelligenz & Kraft	Pass- und Wurfübung mit dem Theraband	Entscheidungen gegen hohen Kraftwiderstand treffen
	Abwehrübungen mit dem Theraband	
Anforderung	**Übungs-/Spielform**	**Trainingswissenschaftliche Anmerkung zur Athletik**

(Fortsetzung)

Tab. 5.1 (Fortsetzung)

Anforderung	Bezeichnung der Übungs-/Spielform	Trainingswissenschaftliche Anmerkung zur Athletik
Arbeitsgedächtnis (=> Aufgabenstellungen, bei denen Spieler unter konditionellen und koordinativen Anforderungen Zusatzinformationen kognitiv verarbeiten müssen)		
Arbeitsgedächtnis & Schnelligkeit	Schnick - Schnack - Schnuck	Schnelles Umschalten nach Memory-Aufgabe
	Umschaltspiel 2 gegen 2	Aufgabenwechsel unter hoher Geschwindigkeit
	10er Passspiel	Umschalten aus strukturierter Passaufgabe
Arbeitsgedächtnis & Ausdauer	3:2:1-Abwehr gegen Angreiferüberzahl	Laufwege automatisieren
	Siebener-Pass mit Positionstausch	Lange Übungsdauer und viele Laufwege
	Umschaltspiel mit spezifischen Memory-Aufgaben	Umschaltspiel aus Automatisierungsprozessen heraus
Arbeitsgedächtnis & Koordination	Passübungen mit Memory-Aufgaben	Hoher Situationsdruck
	Passstafetten	Hoher Präzisions- und Zeitdruck
	Überschlagspiel über das Querspielfeld	Zeit-, Präzisions- und Komplexitätsdruck
Arbeitsgedächtnis & Kraft	Sprung- und Wurfkraftübung mit Memory-Aufgaben	Spielnahes Schnellkrafttraining
	"Kräftigender" Platztausch	Spielnahe Kräftigungsübungen

5 Einordnung des Praxisteils

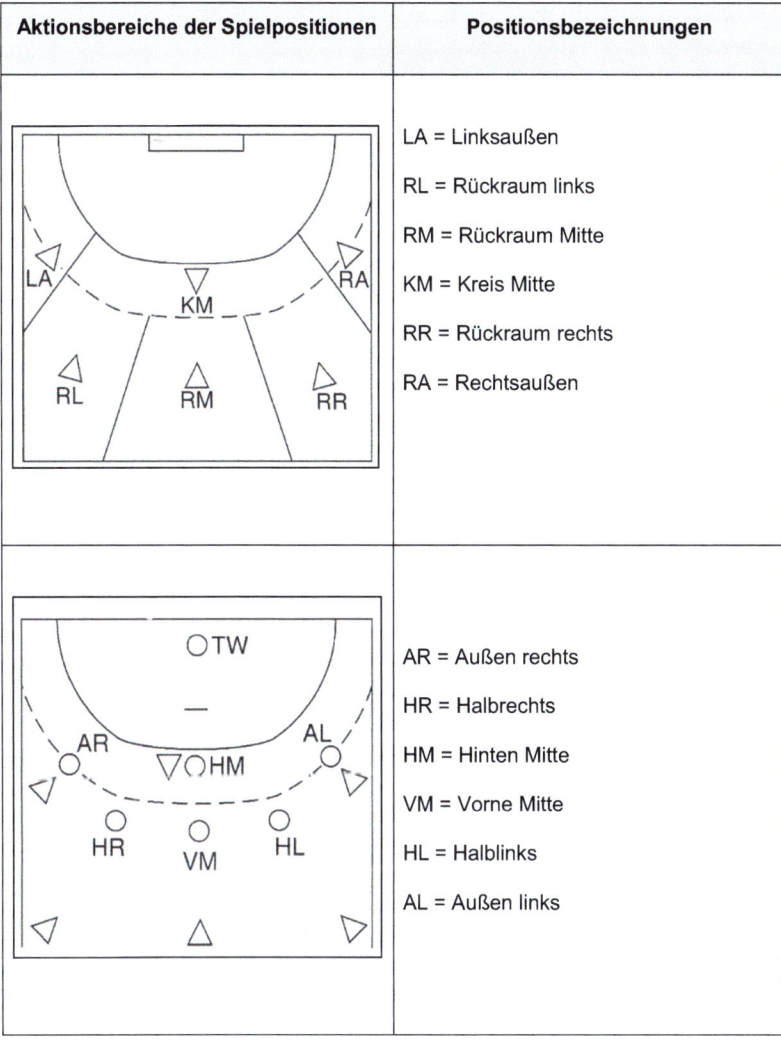

Abb. 5.1 Angriffs- und Abwehrpositionen im Handball (König & Husz, 2011. S. 91 und 132)

Antizipation & Schnelligkeit 6

6.1 Passzeck (Duell, 1981; Memmert, & König, 2021)

Ziel
Antizipation von gegnerischen Laufwegen und schnelle Lösung durch Zuspiele an Mitspieler unter Druck.

Organisation
Es wird ein 15–20×15–20 m großes Spielfeld markiert. Es werden zwei Fänger aus einer beliebig großen Gruppe bestimmt. Die übrigen Spieler haben zwei Bälle zur Verfügung.

Ablauf
Zwei Spieler (Fänger) versuchen, die übrigen Spieler zu fangen. Jeder Spieler, der mit einem Ball in der Hand läuft, darf nicht gefangen werden. Die Spieler müssen sich also die Bälle geschickt untereinander zuspielen, um einem Abschlag des Fängers zu entgehen. Nach 40 s benennt der Trainer zwei neue Fänger.

Variation
- Die Spielfeldgröße verändern.
- Anzahl der Fänger bzw. Bälle im Spiel variieren.
- Wurf- und Fangvariationen einbauen.
- Bilaterale Ausführung (Gezielter Wechsel zwischen dominanter und nicht-dominanter Hand).

Skizze
Abb. 6.1

6.1 Passzeck (Duell, 1981; Memmert, & König, 2021)

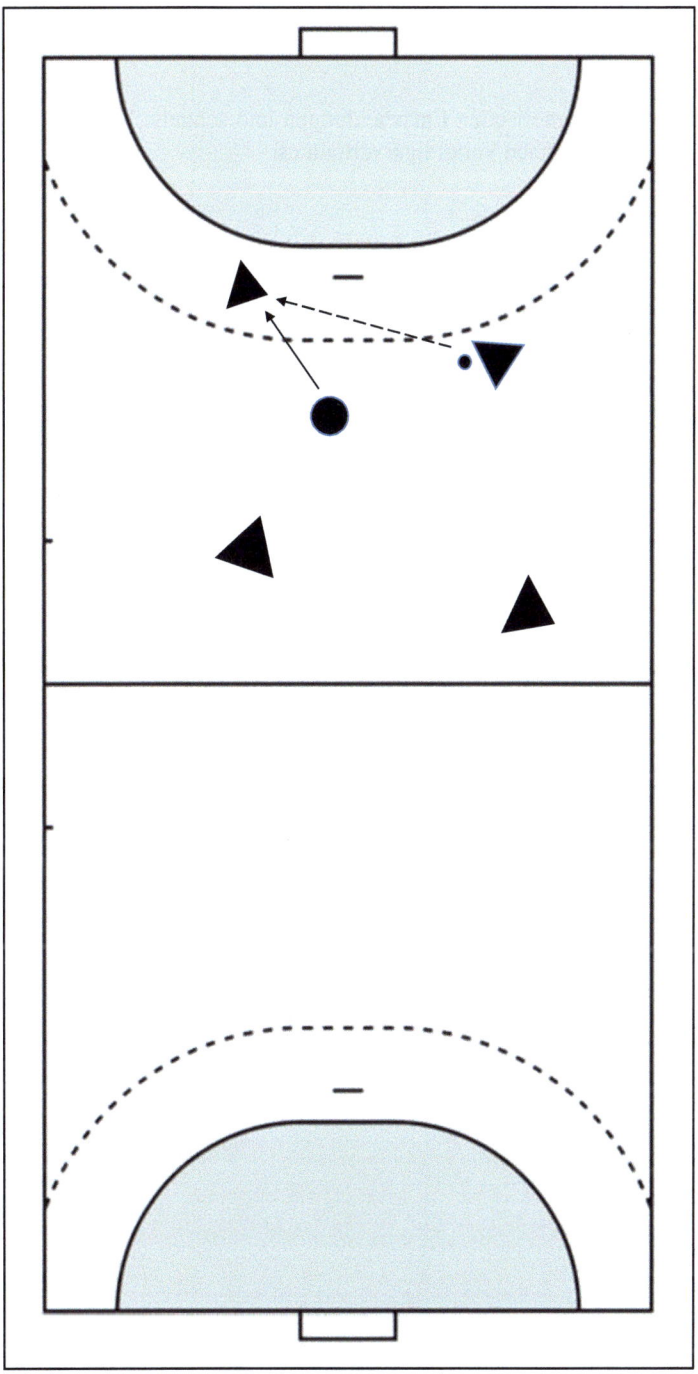

Abb. 6.1 Passzeck

6.2 Antizipativ verteidigen (Brack & Bauer, 2020)

Ziel
Antizipation von gegnerischen Entscheidungen und schnelle Lösung durch Realisierung eines Spezifischen Verteidigerverhaltens.

Organisation
Auf der linken Angriffsseite befinden sich ein LA, ein KL, zwei RL sowie ein AR und ein HR. Der Aktionsradius des KL wird durch zwei Markierungen relativ eng eingegrenzt (ca. 1 m). Die rechte Angriffsseite ist genauso besetzt.

Ablauf
Der Abwehrspieler HR tritt blitzschnell gegen RL1 heraus und berührt diesen. RL muss jetzt aus einem einmaligen Tippen heraus eine abschlussorientierte Aktion ausführen. Hierbei kann er

- aufs Tor werfen,
- den KL anspielen oder
- zum LA passen.

Die Abwehrspieler versuchen, durch „vorausschauendes" Abwehrverhalten mit hohem Tempo einen erfolgreichen Abschluss zu verhindern. Anschließend erfolgt derselbe Ablauf auf der rechten Seite.

Variation
- Dem Ablauf wird ein zusätzlicher Auftaktpass RL/RR und RM vorgeschaltet; dies führt zu einem veränderten Timing.
- RL1 hat keinen Ball und steht mit dem Gesicht zu RL 2, der einen Ball hat. RL 2 passt per Bodenpass zu RL 1, dieser führt einen 180° Drehsprung aus. Danach erfolgt der oben beschriebene Ablauf.

Skizze
Abb. 6.2

6.2 Antizipativ verteidigen (Brack & Bauer, 2020)

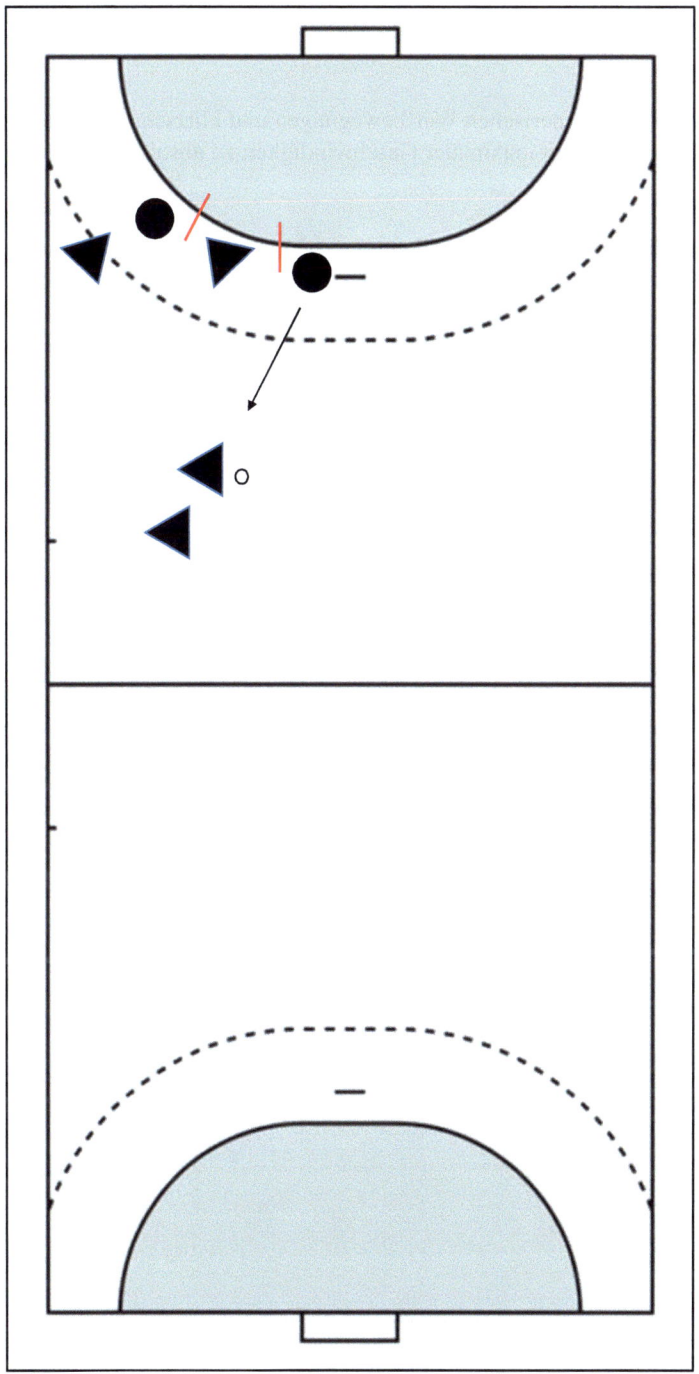

Abb. 6.2 Antizipativ verteidigen

6.3 Gegenstoß 1 gegen 0 (Memmert & König, 2021)

Ziel

Antizipation von gegnerischen Wurfbewegungen und blitzschnelles Umschalten in den Gegenstoß, der mit maximaler Geschwindigkeit zu absolvieren ist.

Organisation

An einem Torraum werden die Positionen RL und RR besetzt. Einer der beiden Spieler hat einen Ball, weitere Bälle liegen im Mittelkreis (Ballkiste) bereit. Die Positionen AL und AR sind mehrfach besetzt. Neben Tor 1 (TW 1) sind genügend Reservebälle deponiert; im gegenüberliegenden Tor agiert TW 2.

Ablauf

RL spielt mit RR einen Doppelpass, den RL mit Torwurf abschließt. AR wartet nicht, bis der Ball geworfen ist, sondern startet seinen Gegenstoß, nachdem die Wurfbewegung eingeleitet wurde (point of no return). Der Gegenstoß ist auf maximale Geschwindigkeit und wenig Prellaktionen angelegt. Abschluss mit Torwurf an der Freiwurflinie. Danach beginnt die Übung auf der anderen Seite.

Variation

- Es agieren 2 Abwehrspieler gleichzeitig und spielen einen Gegenstoß 2 gegen 0 mit einem zusätzlichen Pass.
- Die Werfer können ihre Aktion abbrechen und einen weiteren Pass spielen.
- Ist der Torwurf von RL/RR erfolgreich, wird „Schnelle Mitte" gespielt.

Skizze

6.3 Gegenstoß 1 gegen 0 (Memmert & König, 2021)

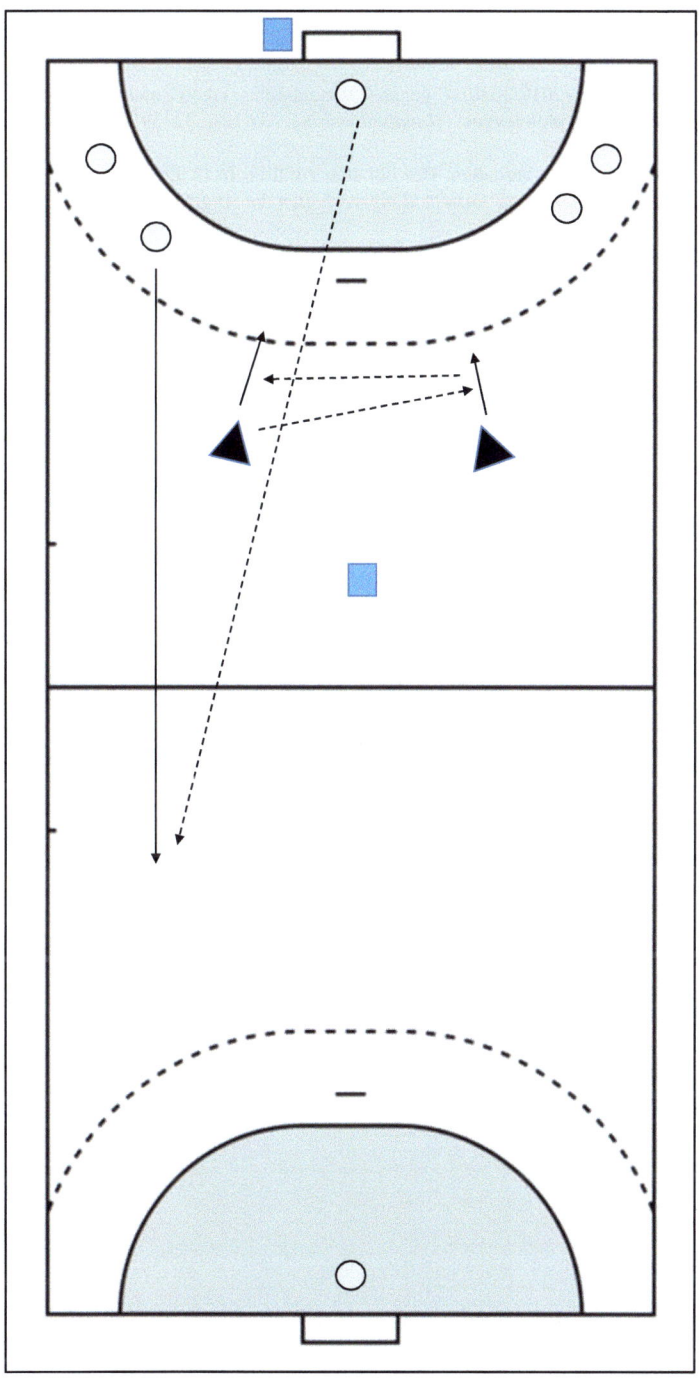

Abb. 6.3 Gegenstoß 1 gegen 0

Literatur

Brack, R., & Bauer, J. (2019/2020). 6 gegen 7 verteidigen – kreativ und intelligent. Eine aktiv-antizipative Abwehrphilosophie. *Handballtraining, 39*(12), 32–39 (I), 40(3), 26–39 (II), 40(8), 24–31 (III).

Duell, H. (1981). Angreiferverhalten: Bewußt statt zufällig. In H. Duell, W. Eyßer, & D. Späte (Hrsg.), *Situationsgerechtes Entscheidungsverhalten im Angriff. Handball Spezial Band 2*, (S. 13–36) Phippka.

Memmert, D., & König, S. (2021). Handballspiele werden im Kopf entschieden: Kognitives Training, Kreativität und Spielintelligenz im Amateur- und Leistungsbereich. Meyer & Meyer.

Antizipation & Ausdauer 7

7.1 Überschlagspiel 2 gegen 1 als Dreier-Handball

Ziel
Antizipation von gegnerischen Verteidigungsaktionen unter spielnaher azyklischer Ausdauerbelastung.

Organisation
Es wird ein reguläres Handballspielfeld benötigt. Drei Zweierteams (farblich different) agieren im Wechsel gegeneinander. Ebenfalls werden zwei Torhüter sowie zwei Ballkästen an der Seitenlinie (Höhe Freiwurflinie) benötigt.

Ablauf
Team A eröffnet das Spiel an der Mittellinie auf Tor 1. Ein Spieler von Team B (Verteidiger) versucht, einen erfolgreichen Abschluss zu verhindern; Spieler 2 wartet an der Seitenlinie mit einem Ball. Nach Abschluss spielt Team B 2 gegen 1 auf Tor 2 gegen C, danach C gegen A usw. Je nach Spieltempo und Dauer werden verschiedene Formen der Ausdauer angesprochen.

Variationen
- Abschluss ohne Erfolg erfordert einen zweiten Angriff von der Mittellinie (Pass vom Trainer oder dritten Torhüter.
- Bei Erfolg läuft Assistgeber bis zur Mittellinie mit zurück (1. Pass zulassen).
- Erhöhung der Spielerzahl zum 3 gegen 2.
- Nach Abschluss zusätzliche Laufstrecken, z. B. um die Spielfeldecken, einbauen.

Skizze
Abb. 7.1

7.1 Überschlagspiel 2 gegen 1 als Dreier-Handball

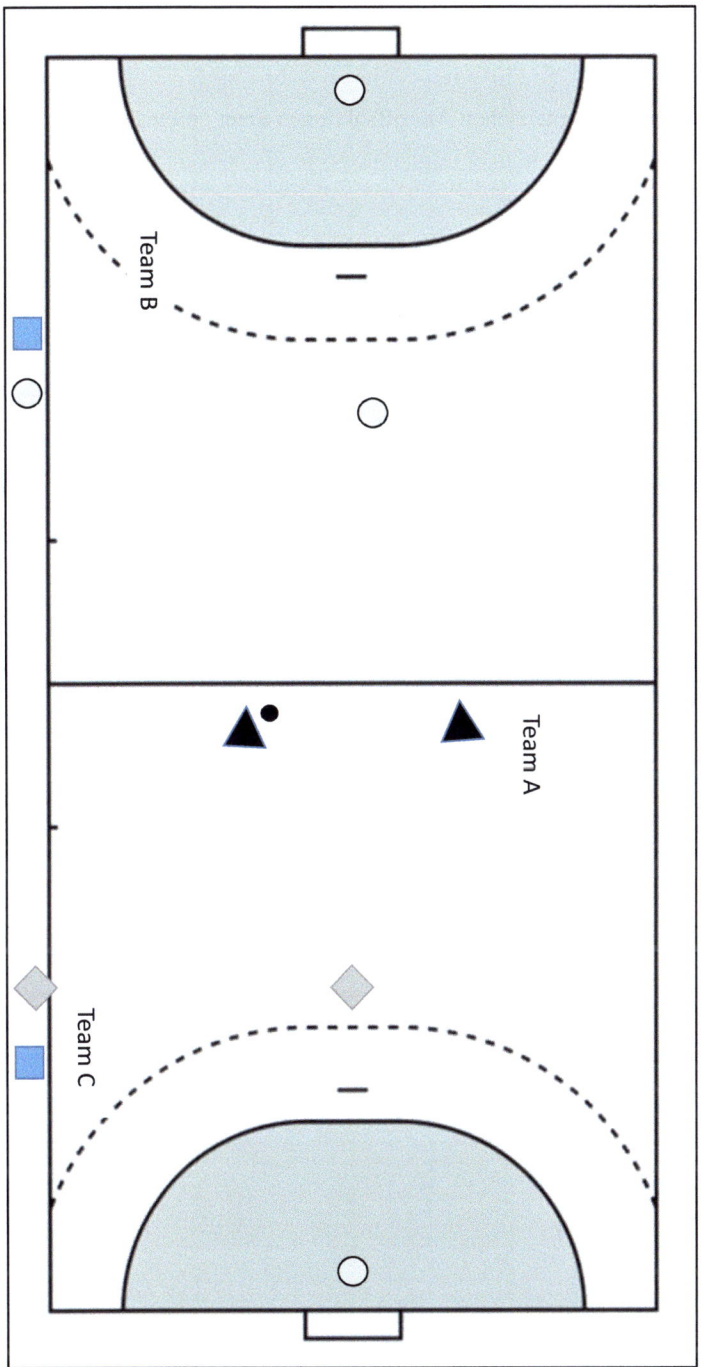

Abb. 7.1 Überschlagspiel 2 gegen 1

7.2 Spiel 1 gegen 1 in begrenztem Spielfeldsektor

Ziel
Antizipation von gegnerischen Angriffsaktionen unter spielnaher azyklischer Ausdauerbelastung.

Organisation
Zwei Spieler stehen sich in einem begrenzten Sektor (siehe Skizze) gegenüber. Der Angreifer A1 befindet sich mit Ball etwa an der Mittellinie, der Verteidiger B steht ihm im Abstand von ca. 2 m gegenüber. Ebenfalls befinden sich die Spieler A2 und A3 an der Mittellinie, ein zweiter Sektor kann mit einer weiteren Gruppe besetzt werden.

Ablauf
A1 eröffnet das Spiel 1 gegen 1 mit Zug zum Tor und dem Ziel, den Angriff erfolgreich abzuschließen. B versucht, unter hoher Geschwindigkeit Laufwege und Täuschungen zu antizipieren und dies zu verhindern. Ist der Angriff abgeschlossen, sprintet B sofort zur Ausgangsposition zurück; anschließend beginnt der Ablauf mit A2. Im Idealfall übt eine zweite Gruppe im Parallelsektor auf ein zweites Tor (Tore sind versetzt aufgebaut).

Variationen
- Hinzunahme eines neutralen Anspielers (Linienaußen LA). Dieser kann einbezogen werden, wodurch sich die Antizipationsleistung des Spielers B erhöht.
- Statt einem Zuspieler auf LA, agiert dieser auf KM.
- Belastungsintensität oder –dauer erhöhen.

Skizze
Abb. 7.2

7.2 Spiel 1 gegen 1 in begrenztem Spielfeldsektor

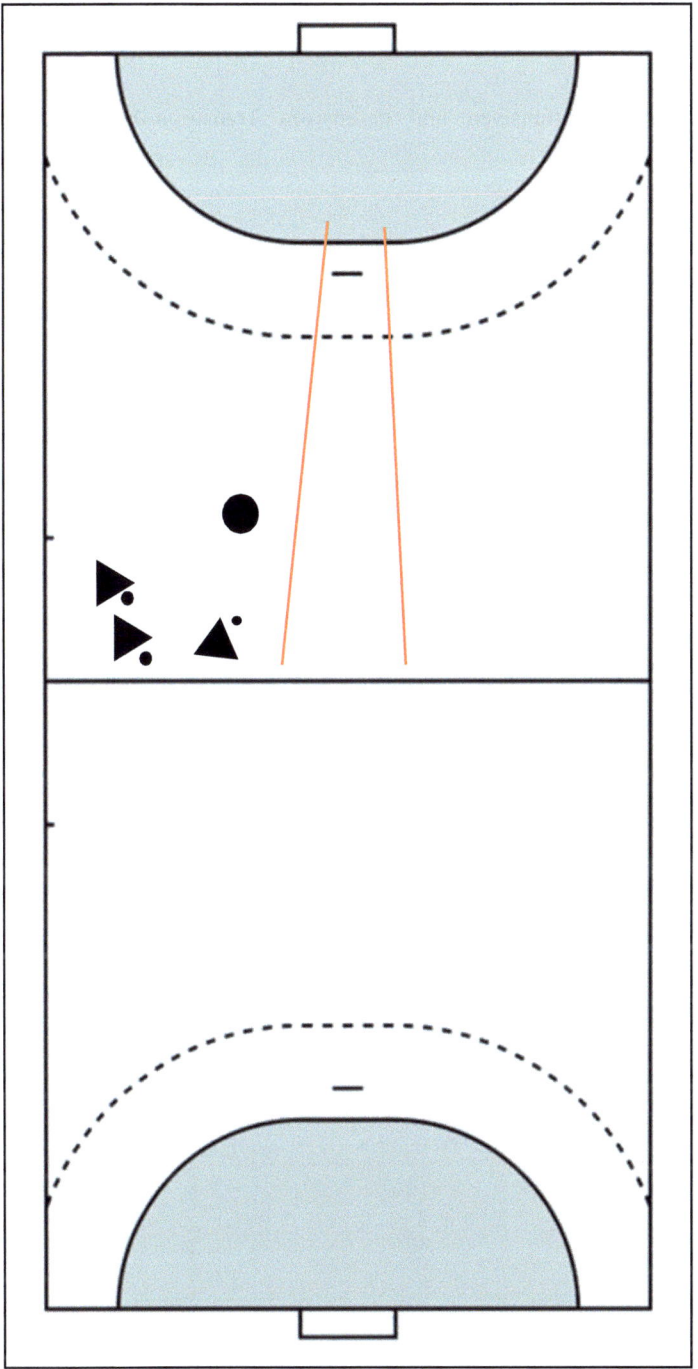

Abb. 7.2 1 gegen in begrenztem Sektor

7.3 Transition unlimited

Ziel

Antizipation von offensiven und defensiven Transition-Aktionen mit hoher Wiederholungszahl.

Organisation

In beiden Toren agiert ein Torhüter, beide haben ausreichend Reservebälle zur Verfügung (Ballkisten neben dem Tor). Die Feldspieler werden in 4er-Teams (A, B, C, D) eingeteilt. Jedes Team muss einige Minuten üben (je nach Leistungsstand), danach ist Wechsel bzw. Pause (Intervall-Methode).

Ablauf

Spieler A eröffnet mit einem Torwurf von RM. Spieler B (1. AL) antizipiert den Wurf und startet noch während der Wurfphase zum Gegenstoß. Spieler A sprintet zurück und versucht zu verteidigen. Mit dem Wurf von Spieler B startet Spieler C (2. AL) und A sprintet wieder zurück. Dieser Ablauf wiederholt sich noch einmal (Spieler D), dann werden die Aufgaben gewechselt.

Variationen

- Die Gegenstoßläufer müssen zum Abschluss über die Spielfeldmitte (Längslinie) kreuzen.
- Bei nicht erfolgreichem Abschluss des Gegenstoßes holt sich der Angreifer (z. B. Spieler B) an der Mittellinie einen neuen Ball (Pass vom Trainer) und spielt 1 gegen 1 gegen A.
- Die Gegenstöße werden von 2 Spielern absolviert (7 Spieler notwendig). Spieler A versucht, die Passrichtung des TW zu antizipieren und sich frühzeitig auf diese Seite zu orientieren.

Skizze

Abb. 7.3

7.3 Transition unlimited

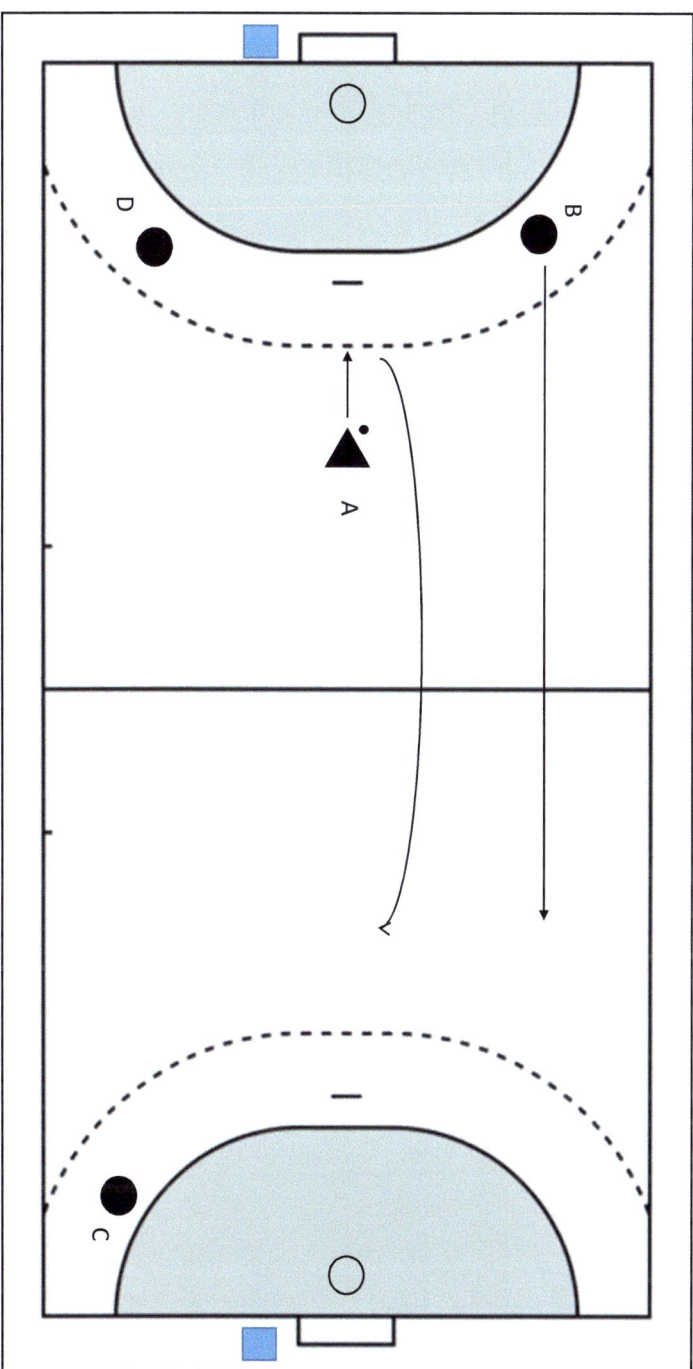

Abb. 7.3 Transition unlimited

Antizipation & Koordination 8

8.1 Wandball (König, 1998a; Memmert & König, 2021)

Ziel
Antizipation von Ballwegen unter hohem Präzisions- und Zeitdruck.

Organisation
Zwei Mannschaften (Teamgröße je nach Spieleranzahl und Feldgröße) spielen in einem Querspielfeld gegeneinander. Die beiden Querseiten des Spielfeldes (Hallenwände) werden als Zielfläche verwendet. Es wird mit einem Ball und nach Handballregeln gespielt. Das Spiel kann auf mehreren Spielfeldern parallel organisiert werden.

Ablauf
Ein Punkt kann erzielt werden, indem ein Spieler des angreifenden Teams den Ball als Aufsetzer an die gegnerische Wand wirft und der zurückprallende Ball anschließend den Boden berührt. Fängt ein Abwehrspieler den von der Wand abprallenden Ball, bevor dieser den Boden berührt, so ist es kein Punkt (Tor).

Variation
- Ein Punkt kann nur erzielt werden, wenn alle Angreifer die Mittellinie überquert haben (Erhöhung Zeitdruck).
- Ein Punkt zählt doppelt, wenn nicht alle Abwehrspieler in ihre Abwehrhälfte zurückgelaufen sind (hohes Spieltempo).
- Ein Wurf gegen die Wand darf erst ab einer bestimmten Linie, z. B. ab der Mittellinie, ausgeführt werden.
- Fängt ein zweiter Angreifer den zurückprallenden Ball, kann die Mannschaft nochmals einen Angriff einleiten.

Skizze
Abb. 8.1

8.1 Wandball (König, 1998a; Memmert & König, 2021)

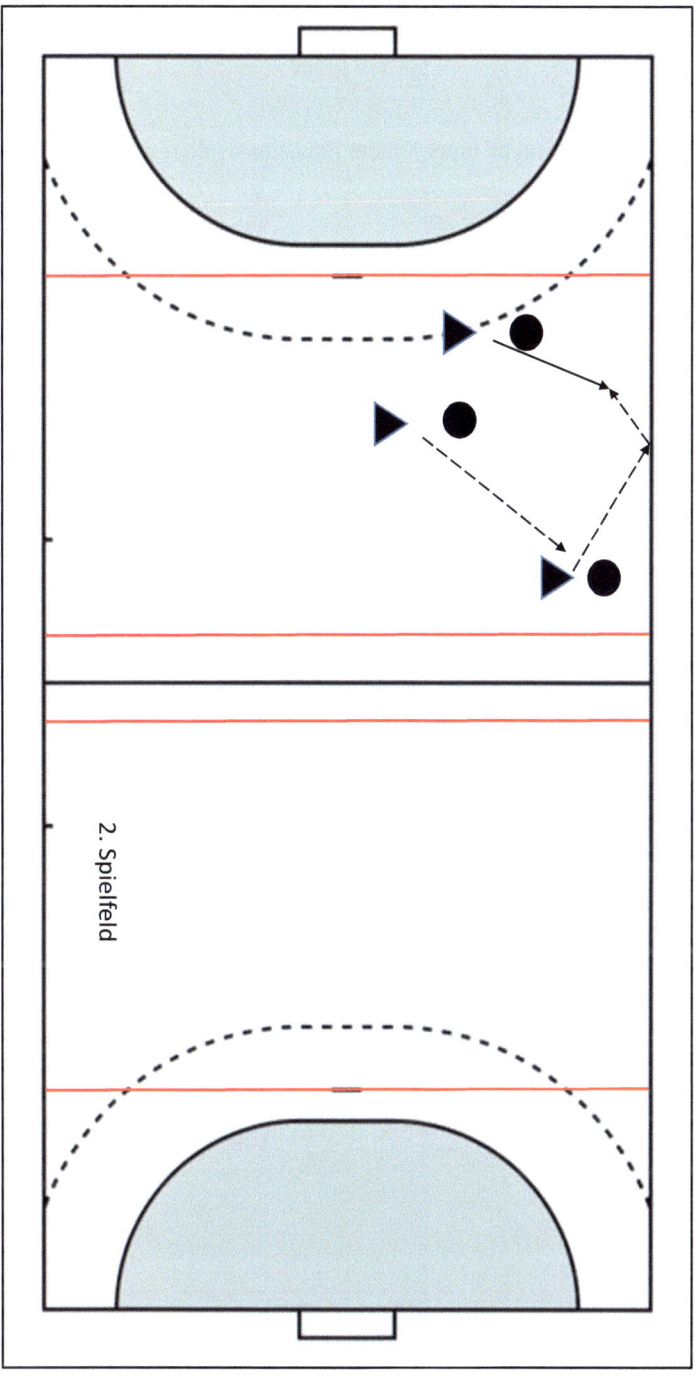

Abb. 8.1 Wandball

8.2 Hütchentorball (König, 1998a; Memmert & König, 2021)

Ziel
Antizipation von Ballwegen unter hohem Präzisions-, Zeit- und Situationsdruck.

Organisation
Zwei Mannschaften (Teamgröße je nach Spieleranzahl und Feldgröße) spielen in einem Querspielfeld gegeneinander. Im Spielfeld sind unregelmäßig verteilte Hütchentore (Hütchenabstand ca. 1 m) aufgebaut, wobei die Anzahl die der Tore immer um eins größer sein muss als Teamgröße.

Ablauf
Nach Eröffnung durch Auslosung oder Jump versucht das ballbesitzende Team, einen indirekten Pass durch eines der drei Tore zu spielen. Gelingt dies, muss der ballannehmende Spieler diesen sofort auf den Boden legen. Das gegnerische Team setzt von dort das Spiel fort. Die verteidigende Mannschaft kann dies verhindern, indem sich einer der Verteidiger zwischen die Hütchentore stellt. Das Tor gilt dann als gesperrt.

Variation
- Nach erfolgreichem Pass durch ein Hütchentor darf das ballbesitzende Team das Spiel nach Bodenberührung fort.
- Wird ein ballbesitzender Angreifer von einem Verteidiger berührt, wechselt der Ballbesitz.
- Ein Hütchentor kann durch Berühren eines Hütchens gesperrt werden.

Skizze
Abb. 8.2

8.2 Hütchentorball ...

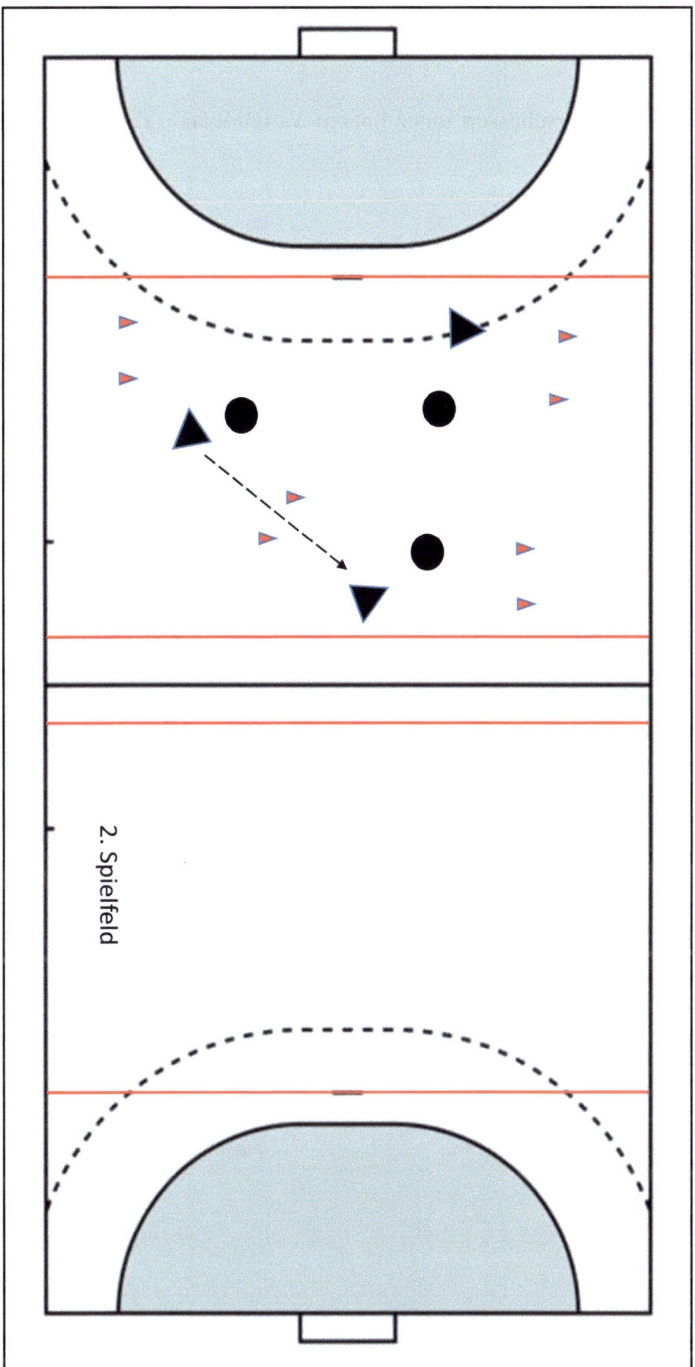

Abb. 8.2 Hütchentorball

8.3 Torhüter-Wettkampf (Hagemann, 2000a)

Ziel
Antizipation von Torschüssen unter hohem Variabilitäts-, Zeit- und Belastungsdruck.

Organisation
Die Spieler A und B positionieren sich mit einem Ball etwa 2 m vor dem Tor. Ihr Abstand beträgt 3 bis 4 m. Torhüter 1 steht im Tor und ist derjenige, der übt. A und B haben jeweils mehrere Reservebälle zur Verfügung.

Ablauf
A und B passen sich einen Ball mit dem Fuß zu (Abb. 8.3a). Torhüter 1 bewegt sich in Ballrichtung. Nach Erhöhung der Passfrequenz versuchen die beiden Spieler, abwechselnd mit dem Fuß ein Tor in die kurze Ecke zu erzielen. Torhüter 1 wehrt mit Fuß- oder Handaktion ab. Danach beginnt die Übung von Neuem.

Variation
- A und B spielen den Ball mit Unterhand- oder Druckpässen (Abb. 8.3b). Der Torwurf erfolgt ebenfalls beidhändig.
- Wettkampfform 1: Welcher Torhüter bekommt in einem vorgegebenen Zeitintervall die wenigsten Tore.
- Wettkampfform 2: Wer 3 oder 5 Tore in Folge erhält, muss Zusatzaufgabe erledigen.
- Wettkampfform 3: Wer „verschießt", geht ins Tor.
- Erhöhung der Schnelligkeitsausdauerbelastung durch Verlängerung der Übungszeit.

8.3 Torhüter-Wettkampf (Hagemann, 2000a)

Abb. 8.3 (**a**, **b**) Torhüter-Wettkampf

Literatur

König, S. (1998a). Abwehrtaktische Entwicklungen im Handball – Konsequenzen für die Trainingsarbeit. *Handball in Württemberg, 10,* 7–10.
Memmert, D., & König, S. (2021). *Handballspiele werden im Kopf entschieden: Kognitives Training, Kreativität und Spielintelligenz im Amateur- und Leistungsbereich.* Meyer & Meyer.
Hagemann, N. (2000a). Torwartspezifisches Koordinationstraining. Teil 1. *Handballtraining, 22*(3+4), 14–19.

Antizipation & Kraft 9

9.1 Zweikampfübungen mit Ball (König, 1994; König & Husz, 2011)

Ziel
Antizipation von gegnerischen Aktionen unter hoher Kraftbeanspruchung.

Organisation
Es werden Zweiergruppen gebildet, beide Spieler haben je einen Ball. Jede Zweiergruppe benötigt einige Quadratmeter Übungsraum sowie zwei Hütchen, um eine imaginäre Linie zu bilden.

Ablauf
Beide Partner prellen und versuchen sich mit dem Po über die Linie zu schieben (Abb. 9.1a). Hierbei müssen mögliche Ausweichbewegungen und Täuschungen antizipiert werden.

Variation
- Die beiden Spieler versuchen, sich über die Linie zu ziehen, indem sie sich an der freien Hand halten (Abb. 9.1b).
- Zusätzlich klemmt jeder Spieler einen Ball unter dem Arm fest.
- Es wird ein dritter Spieler (C) hinzugenommen: A spielt zu C und versucht anschließend, sich gegen B freizulaufen (über die Linie), der ihn abdrängt. B muss Ausweich- und Täuschungsbewegungen antizipieren. Bei Erfolg wird er von C angespielt.
- A und C versuchen im Wechsel, sich gegen B 1 gegen 1 durchzusetzen und die Linie zu überlaufen.

9.1 Zweikampfübungen mit Bal …

Abb. 9.1 (**a**, **b**) Zweikampfübungen

9.2 Liegestütz-Zweikampf mit Ball (König, 1994; König & Husz, 2011)

Ziel

Antizipation von gegnerischen Angriffsaktionen nach hoher Kraftbeanspruchung.

Organisation

Es werden Zweiergruppen gebildet, jede Zweiergruppe hat einen Ball. Spieler A geht an der Mittellinie in den Unterarm-Liegestütz (Blick zum gegnerischen Tor, Hände auf der Mittellinie), der Ball liegt neben ihm. Spieler B geht an einer der Freiwurflinien ebenfalls in diese Liegestützposition (Füße Richtung gegnerisches Tor, Hände auf der Freiwurflinie).

Ablauf

Nach einigen Sekunden Haltearbeit gibt der Trainer ein Signal. Beide Spieler sprinten Richtung gegnerisches Tor, A prellt und versucht durch variable Laufwege erfolgreich zum Torwurf zu kommen. Spieler B sprintet hinterher und versucht, mögliche Laufwege zu antizipieren und einen Torwurf zu verhindern. Nach Abschluss startet die nächste Gruppe, A und B wechseln die Aufgaben.

Variation

- Die Ausgangsposition wird variiert: Kniebeugen, Strecksprünge, Skippings etc.
- Beide Spieler befinden sich an der Mittellinie und versuchen, sich gegenseitig die Arme wegzuziehen. Nach einigen Sekunden wirft der Trainer den Ball Richtung Tor. Beide starten; wer den Ball erkämpft, wird Angreifer, der andere Verteidiger.
- Variation der Aufgabenstellung an der Mittellinie: Gegenseitiges wegschieben, wegziehen etc (Abb. 9.2).

9.2 Liegestütz-Zweikampf mit Ball ...

Abb. 9.2 Liegestütz-Zweikampf

9.3 Wurfrichtung antizipieren

Ziel
Antizipation von gegnerischen Wurfaktionen unter Schnellkraftbeanspruchung.

Organisation
Es werden die Rückraumpositionen RL und RR mit mehreren Spielern besetzt, die alle je einen Ball haben. Der Torwart befindet sich in der mittleren Torzone im Liegenstütz.

Ablauf
Der TW führt springt in die Hocke, was gleichzeitig das Signal für den ersten Spieler auf RL ist, einen Schlagwurf auszuführen, der entweder in die rechte oder linke Torzone geworfen werden muss. Der TW versucht die Wurfrichtung zu antizipieren und mit einem flachen oder hohen Sprung den Ball abzuwehren. Nach 6 bis 8 Wiederholungen erfolgt ein TW-Wechsel.

Variation
- Eine Übungssequenz wird mit Aufprellen des Balles durch den Werfer eröffnet (zusätzliche Beobachtungsaufgabe für den TW).
- Nach Abwehr des ersten Balles erfolgt von der anderen Seite ein zweiter Wurf (Prinzip der gerade noch abwehrbaren Bälle).
- Beide Spieler laufen an, einer wirft (es darf nur geradeaus geworfen werden). Der TW antizipiert den Werfer und wehrt frühzeitig ab.

Skizze
Abb. 9.3

9.3 Wurfrichtung antizipieren

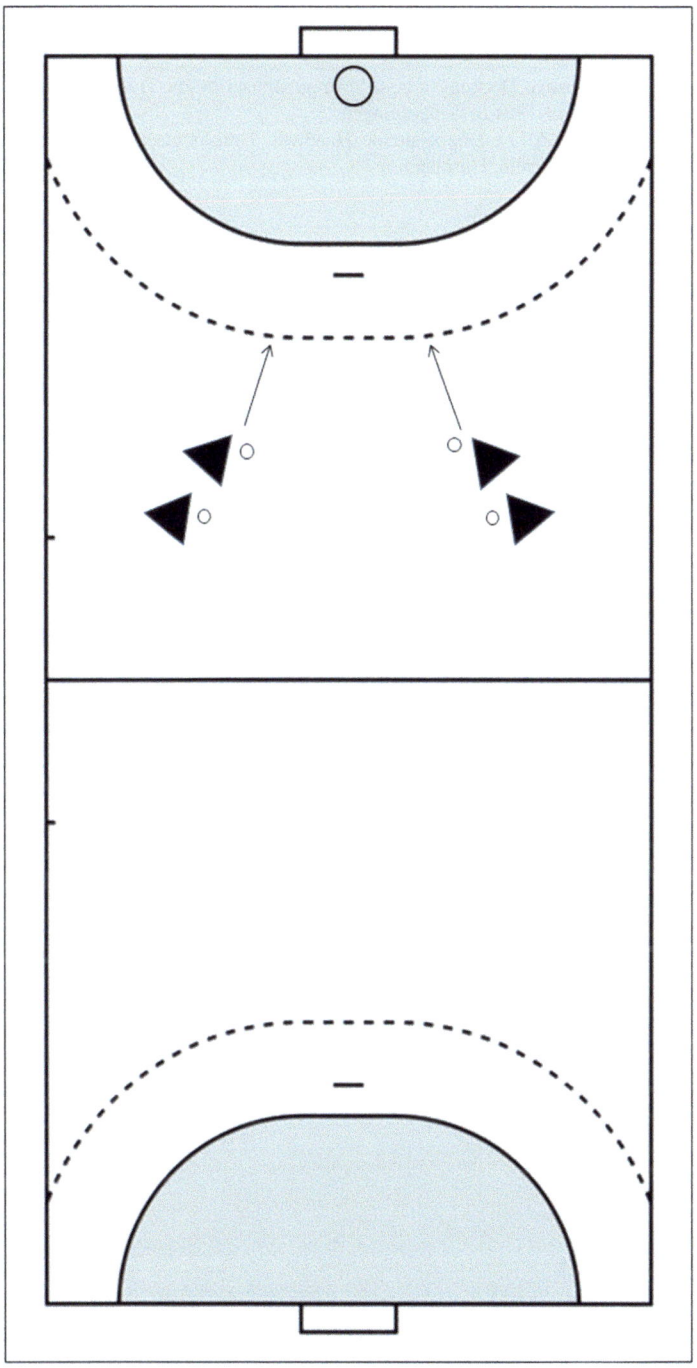

Abb. 9.3 Wurfrichtung antizipieren

Literatur

König, S. (1994). Offensive Deckungsarbeit. Vortragmanuskript zur Trainerfortbildung des Bezirks Staufen am 16.11.1994 in Wißgoldingen.

König, S., & Husz, A. (2011). Doppelstunde Handball: Unterrichtseinheiten und Stundenbeispiele für Schule und Verein. Hofmann.

Wahrnehmung & Schnelligkeit 10

10.1 Startübungen zum Gegenstoß auf optische Zeichen

Ziel
Wahrnehmung von optischen Signalen (Ball) zur Handlungsinitiierung.

Organisation
Es werden Zweiergruppen gebildet, die je einen Ball benötigen. Spieler A stellt sich kurz vor der Wurfkreislinie mit Rücken zum Tor und gegrätschten Beinen auf. Spieler B positioniert sich ca. 2 m hinter ihm (Abb. 10.1a).

Ablauf
B rollt den Ball durch die Beine von A. Sobald dieser ihn wahrnimmt, sprintet er los und prellt mit maximaler Geschwindigkeit bis zur Mittellinie. Danach erfolgt ein Wechsel, um A die geforderte vollständige Pause zu ermöglichen.

Variation
- A liegt auf dem Rücken, Kopf in Richtung B. B wirft den Ball im Bogen über ihn.
- A liegt auf dem Bauch, Kopf in Richtung Mittellinie. Ball wird im Bogen über ihn geworfen (Abb. 10.1b).
- A ist im Liegestütz, Ball wird über ihn geworfen (Stützphase nicht zu lange, da Schnelligkeit der Schwerpunkt ist).
- Ausgangsposition wie oben, aber A bekommt ein akustisches oder taktiles Signal.

10.1 Startübungen zum Gegenstoß auf optische Zeichen

Abb. 10.1 (**a**, **b**) Startübungen zum Gegenstoß

10.2 Ballwege schließen in der Abwehr

Ziel
Wahrnehmung von optischen Signalen (Ball) und abwehrspezifische Gegenaktionen.

Organisation
Im Angriff werden die Positionen RL, RR, KL und KR besetzt. In der Abwehr agiert HM (aus Belastungsgründen kann diese Position doppelt besetzt werden). Sowohl RL als auch RR haben Bälle.

Ablauf
RL spielt einen Auftaktpass mit HM, der bei KR steht und sofort zurückspielt. Anschließend muss er genau beobachten, wie sich RL verhält: Entweder es erfolgt ein Pass zu KL oder eine Durchbruchsaktion. HM versucht dann, entweder den Pass zu unterbinden oder den Durchbruch zu bekämpfen. Anschließend beginnt die Übung von der rechten Seite.

Variation
- Defensives Verhalten von HM: Block gegen einen Wurf von RL bzw. RR.
- Wettkampfform 1: HM 1 und HM 2 versuchen, weniger Tore zuzulassen.
- Wettkampfform 2: Spiel 4 gegen 2 (HM 1 und HM 2) mit gleicher Auftakthandlung.

Skizze
Abb. 10.2

10.2 Ballwege schließen in der Abwehr

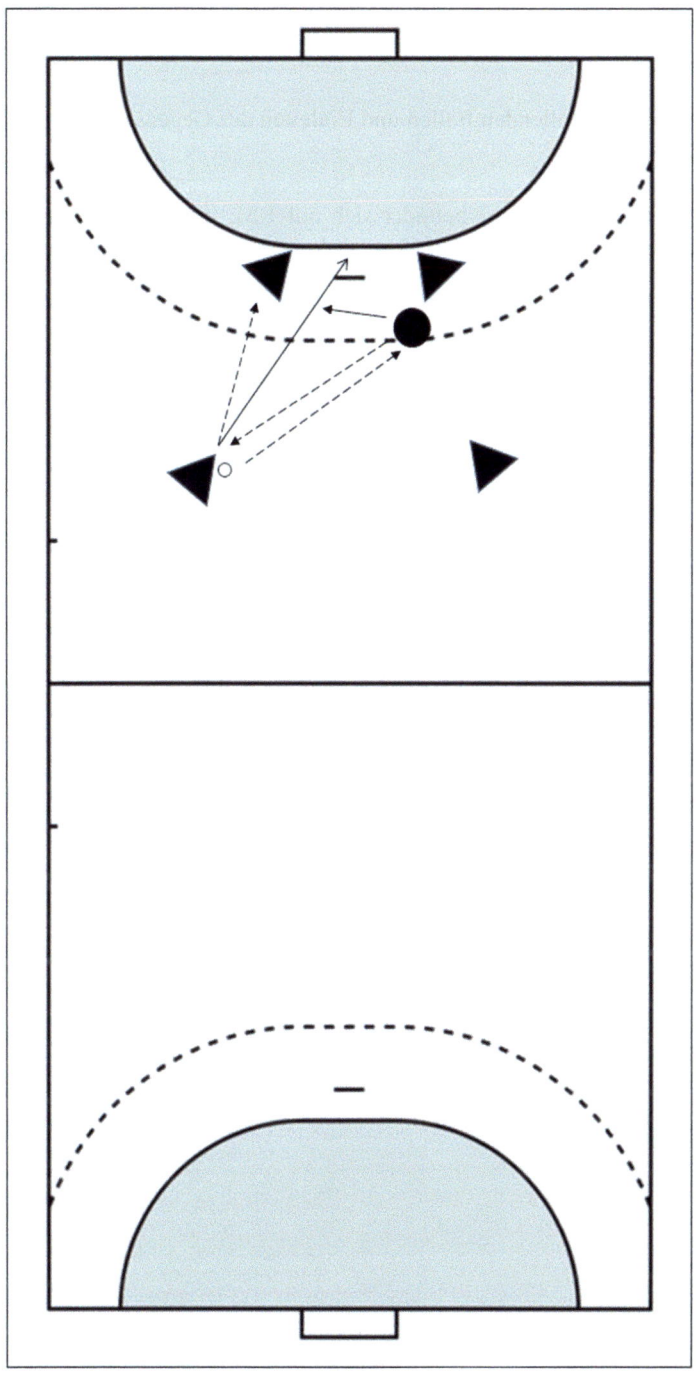

Abb. 10.2 Ballwege schließen

10.3 Gegenstoßeröffnung durch den Torhüter

Ziel
Wahrnehmung von rollenden Bällen und Einleiten des Gegenstoßes.

Organisation
Ein Spieler (mit Ballkasten) befindet sich auf RM, hinter ihm steht TW 2, der ebenfalls mehrere Bälle hat. Auf den beiden Außenverteidigerpositionen stehen ebenfalls Spieler, die eine offensive Ausrichtung einnehmen.

Ablauf
RM wirft (moderat) auf das Tor, der TW wehrt ab. Fast zeitgleich rollt TW 2 einen zweiten Ball in den Torraum, den TW 1 mit maximaler Geschwindigkeit sichert und den Gegenstoß eröffnet. AL und AR starten abwechselnd zum Gegenstoß und müssen von TW 1 nach der Mittellinie, aber vor einer Ziellinie (siehe Skizze) angespielt worden sein (Zeitdruck).

Variation
- Das Verhältnis Torwurf und Gegenstoßeröffnung wird unregelmäßig gestaltet.
- AL und AR starten zum Gegenstoß. Nur einer ist anspielbar, der zweite zeigt keinen Blickkontakt.
- Wettkampfform: TW 1 gegen TW 2: Wer hat mehr erfolgreiche Aktionen?

Skizze
Abb. 10.3

10.3 Gegenstoßeröffnung durch den Torhüter

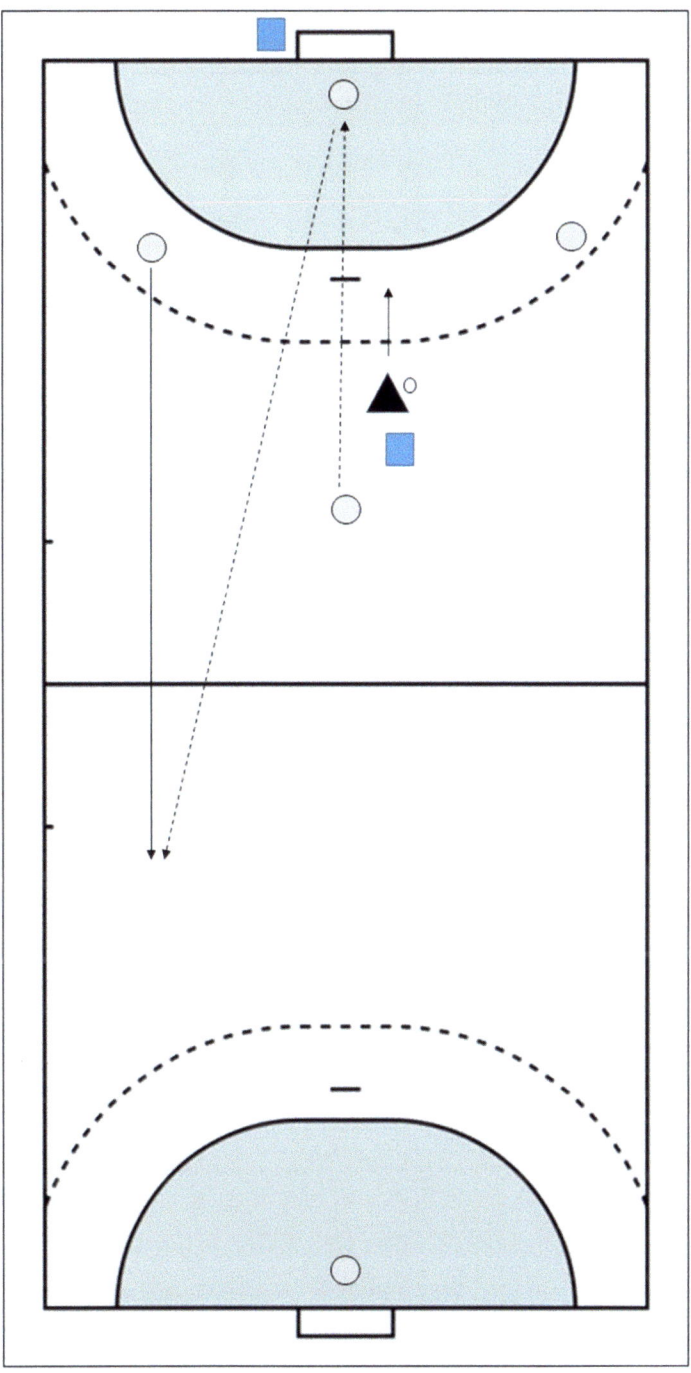

Abb. 10.3 Gegenstoßeröffnung durch den TW

Wahrnehmung & Ausdauer 11

11.1 Ballannahme von der Außenposition (Späte, 1984)

Ziel
Wahrnehmung von anspielbereiten Mitspielern zur Handlungsinitiierung.

Organisation
Die Positionen LA, RL, KR und RR (doppelt) werden besetzt. Bälle sind bei LA deponiert (siehe Skizze).

Ablauf
LA passt zu RL, der den Ball in hoher Geschwindigkeit annimmt und in einer Stoßbewegung nach rechts (siehe Skizze) passt, entweder zu KR (nur wenn Hände Anspielbereitschaft zeigen) oder zu RR (muss theoretisch immer anspielbar sein). Erhält KR den Ball, spielt dieser sofort zu LA weiter, RR spielt zu KR und dieser dann zu LA. Zwischenzeitlich läuft RL rückwärts um ein Hütchen und beginnt die Übung erneut. Um eine Ausdauerbeanspruchung zu erreichen, sind 15 bis 20 Wiederholungen angemessen.

Variation
- Die Stoßrichtung von RL variiert, einmal eher zur Mitte, das andere Mal eher nach außen.
- Hinzunahme eines Torhüters, der beim Rückwärtslaufen (Zurückschwingen) des RL eine Zahl mit den Fingern zeigt. RL muss Zahl laut zurufen.
- Torhüter zeigt bei Ballannahme des RL beide Handflächen; RL schließt mit Torwurf ab. Anschließend Rückwärtsbewegung; danach beginnt die Übung mit neuem Ball.

Skizze
(Siehe Abb. 11.1)

11.1 von der Außenposition (Späte, 1984)

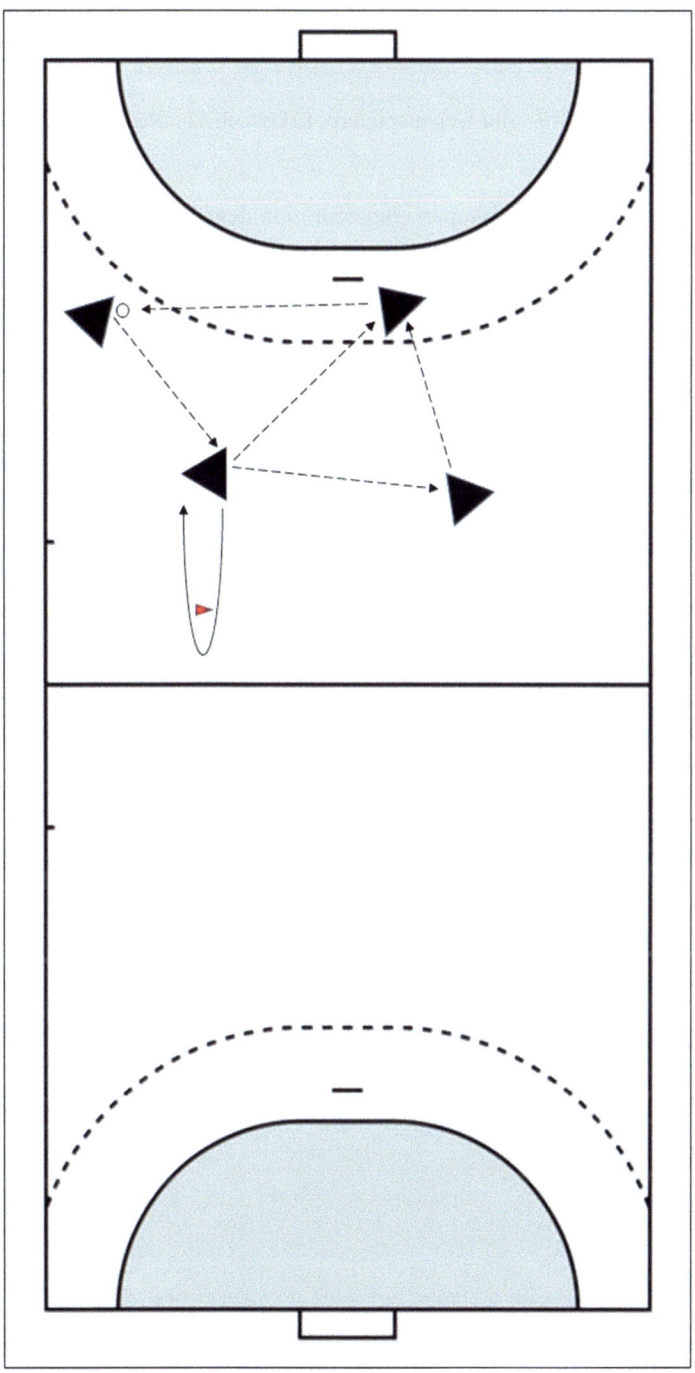

Abb. 11.1 Ballannahme von der Außenposition

11.2 Balltransport

Ziel
Wahrnehmung von Mit- und Gegenspielern, Erkennen von Passwegen.

Organisation
Das Team wird in Zweiergruppen eingeteilt, von denen jede einen Ball hat. Ausgangspunkt der Übung ist einer der beiden Wurfkreise, an dem sich die Spieler in einem Abstand von 3 bis 4 m aufstellen. Auf der anderen Seite sind mit Hütchen die Wendepunkte bzw. Laufwege markiert.

Ablauf
Die erste Zweiergruppe eröffnet die Übung und spielt Transportpässe bis zu den Wendemarken. Beim Überlaufen der Mittellinie startet Team 2 usw. Auf dem Rückweg muss jedes Team über die entgegenkommenden Teams lange Pässe spielen. Die Übung sollte idealerweise mit der Dauermethode realisiert werden.

Variation
- Variation der Passtechniken, z. B. Sprungwurfpässe über die lange Distanz, Handgelenkspässe über die kurze Distanz, usw.
- Hinzunahme von 1 oder 2 Abwehrspielern auf Strecke 1, d. h. es wird erst zwei Mal 2 gegen 1 gespielt.
- Hinzunahme von Abwehrspielern zwischen den beiden Laufbahnen (siehe Skizze): Passwege sind schwieriger zu erkennen.

Skizze
(Siehe Abb. 11.2)

11.2 Balltransport

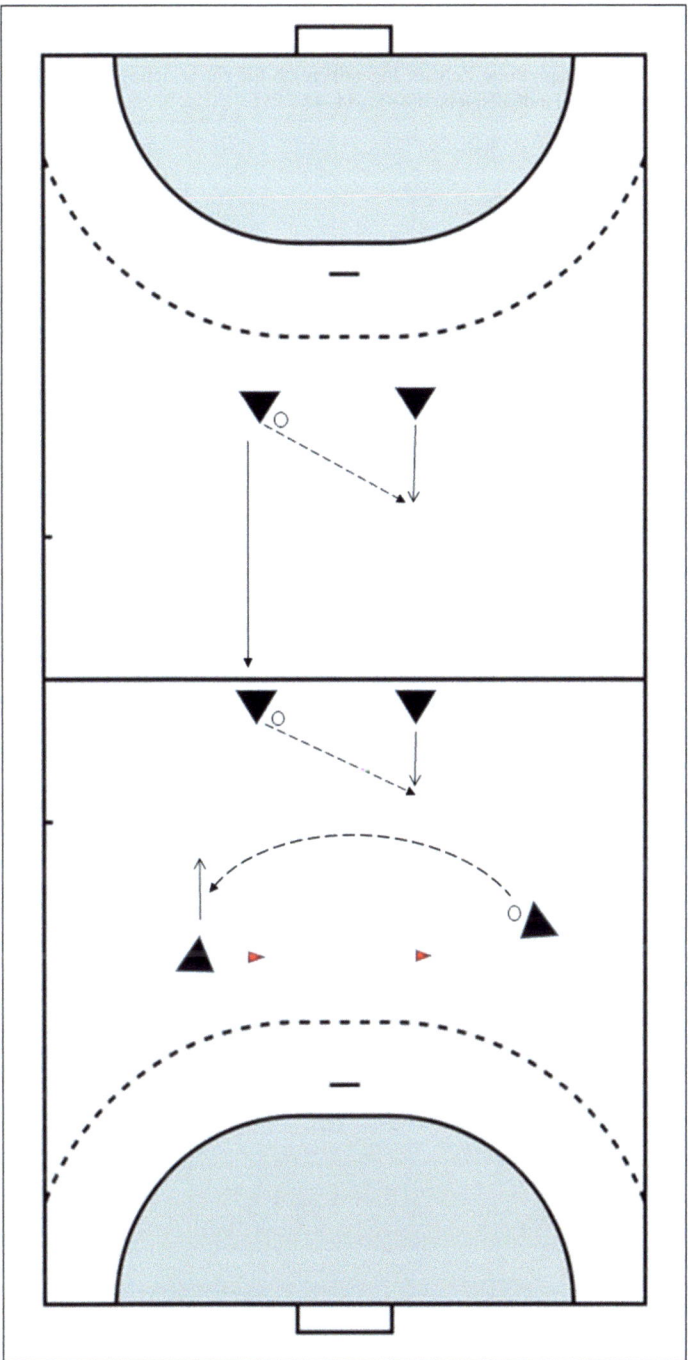

Abb. 11.2 Balltransport

Literatur

Späte, D. (1984). Punktspielfreie Zeit im Jugendbereich für ein gezieltes Einzeltraining nutzen! Lehre & Praxis des Handballspiels, *6*(4+5), 44–48.

Wahrnehmung & Koordination   12

12.1 Schattenlaufen mit Zusatzaufgaben (Petersen, 2005)

Ziel
Wahrnehmung von Mit- und Gegenspielerbewegungen zur Handlungsinitiierung.

Organisation
Es werden Zweiergruppen gebildet; jeder Spieler benötigt einen Ball.

Ablauf
Die Spieler laufen paarweise hintereinander und prellen. Der vordere Spieler absolviert verschiedene Laufvariationen, der hintere imitiert diese und hält einen relativ engen Abstand. Wechsel erfolgt auf Initiative des hinteren Spielers, wenn dieser überholt.

Variation
- Die hinteren Spieler wechseln die Zuordnung, wenn zwei Gruppen eng aneinander vorbeilaufen (Erhöhung der optischen Informationsanforderungen bzw. des Komplexitätsdrucks).
- Wie oben, jedoch absolvieren die wechselnden Spieler vor der neuen Zuordnung einen Ballwechsel oder eine andere Zusatzaufgabe (Erhöhung des Zeitdrucks).
- Die Zweiergruppen laufen nebeneinander, der rechte Spieler gibt die Laufrichtung vor (Erhöhung Zeit- und/oder Belastungsdruck).
- Die Zweiergruppen tauschen regelmäßig den Ball durch Boden- oder Unterhandpässe (Erhöhung Komplexitätsdruck und optische Informationsanforderungen).
- Erweiterung des Bewegungsrepertoires, z. B. Hinsetzen und Aufstehen, durch die Beine prellen, Rolle vw oder rw (Erhöhung des Komplexitätsdrucks) (Abb. 12.1).

12.1 Schattenlaufen mit Zusatzaufgaben ... 87

Abb. 12.1 Schattenlaufen

12.2 Prellen und Balltausch

Ziel
Wahrnehmung von Bällen unter erhöhten koordinativen Anforderungen.
Bild 6a/b. Balltausch.

Organisation
Alle Spieler haben einen Ball und prellen kreuz und quer durch die Halle/Hallenhälfte. Es soll auf gleichmäßige Verteilung geachtet und abwechselnd links und rechts geprellt werden. Unterschiedliche Tempi sind wünschenswert.

Ablauf
Auf ein akustisches oder optisches Zeichen des Trainers legen alle ihren Ball auf den Boden und laufen zu einem neuen Ball, mit dem dann weitergeprellt wird (Abb. 12.2a). Dies wird kontinuierlich wiederholt.

Variation
- Erhöhung Belastungsdruck: Drei verschiedene Bälle anlaufen und berühren, erst mit dem dritten wird weitergeprellt.
- Erhöhung Variabilitätsdruck: Anstatt den Ball abzulegen, wird er einfach in die Höhe geprellt. Ein neuer Ball wird gefangen und mit diesem weitergeprellt (Abb. 12.2b).
- Erhöhung Komplexitätsdruck 1: Vor dem Erlaufen eines neuen Balles werden extrem schnelle Fußgelenksbewegungen oder Skippings für ein paar Sekunden ausgeführt.
- Erhöhung Komplexitätsdruck 2: Die Übung wird mit zwei Bällen pro Spieler ausgeführt. Alle bisher genannten Varianten sind möglich.
- Erhöhung Präzisionsdruck: Auf Zeichen des Trainers wird der Ball hochgeworfen, eine Zusatzübung ausgeführt (z. B. Hinsetzen), der eigene Ball wieder gefangen und weitergelaufen.

Foto

12.2 Prellen und Balltausch

Abb. 12.2 a,b Balltausch

12.3 Doppelter Torwart

Ziel
Wahrnehmung und Selektion vielfältiger Informationen in einer torhüterspezifischen Situation.

Organisation
Alle Feldspieler haben einen Ball und bilden auf RM eine Reihe. Im Tor stehen zwei Torhüter, davon einer auf der Linie und der zweite etwa bei der 4-Meter-Linie.

Ablauf
Der erste Spieler auf RM wirft sich den Ball selbst hoch, lässt ihn einmal aufprellen und wirft mit Sprungwurf aufs Tor, wobei der Laufweg zu variieren ist (nach links, nach rechts, eher gerade). Beide Torhüter beobachten das Wurfverhalten genau, versuchen den Ball abzuwehren. Hierbei agiert der hintere Torhüter immer im Schatten des vorderen.

Variation
- Erhöhung des Zeitdrucks: Steigerung der Wurffrequenz.
- Erhöhung des Komplexitätsdrucks: Auftakthandlung der Werfer (z. B. Ball aufprellen) ist Zeichen für eine Zusatzaufgabe, z. B. in die Hocke gehen oder einen Strecksprung ausführen.
- Erhöhung des Variabilitätsdrucks: Es wird von RL und RR geworfen (ev. nach Doppelpass mit RM), womit die Torhüter ein anderes Stellungsspiel haben.
- Veränderung der Gleichgewichtsanforderungen: Torhüter stehen zu Beginn eines jeden Ablaufs auf einem Bein.

Skizze
(Siehe Abb. 12.3).

12.3 Doppelter Torwart

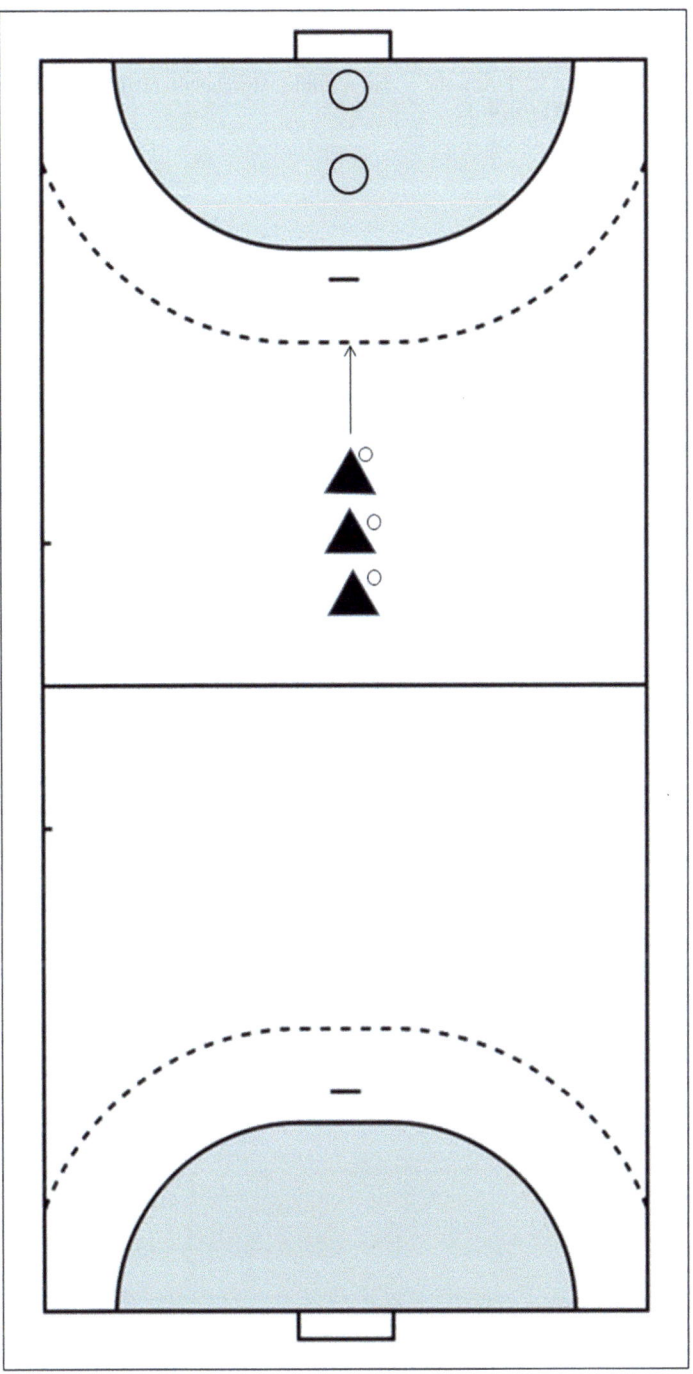

Abb. 12.3 Doppelter Torwart

Literatur

Petersen, K.-D. (2005). 3:2:1-Abwehr – das zentrale Abwehrsystem in der DHB-Förderung. *Handballtraining, 27*(5+6), 4–12.

Wahrnehmung & Kraft 13

13.1 Zahlenpassen mit Zusatzaufgaben (Braun, 1992; Memmert & König, 2021)

Ziel
Wahrnehmung von Mitspielerpositionen und -bewegungen nach Schnellkraftbelastung.

Organisation
Es werden Fünfer- oder Sechsergruppen gebildet. Jede Gruppe hat ein Kleinfeld, dessen Ecken und Seitenmittelpunkte durch Hütchen markiert sind (Vgl. Skizze), und einen Ball.

Ablauf
Die Spieler werden nummeriert und spielen sich den Ball in dieser Reihenfolge zu, also 1 spielt zu 2, 2 zu 3 usw. Wer den Ball abgespielt hat, umläuft eines der sechs Hütchen und berührt dieses mit beiden Händen.

Variation
- Erhöhung der Kraftbeanspruchung für die Beine durch drei explosive (beidbeinige) Strecksprünge am Hütchen.
- Erhöhung der Kraftbeanspruchung für die Beine durch drei einbeinige Sprünge am Hütchen.
- Wie Variante 1 und 2, die Sprünge werden mit einer halben Drehung ausgeführt.
- Erhöhung der Kraftbeanspruchung für die Beine durch drei Kniebeugen am Hütchen.
- Erhöhung der Kraftbeanspruchung für die Arme durch drei Liegestütze am Hütchen.
- Erhöhung der Kraftbeanspruchung durch Burpees am Hütchen.

Skizze
(Siehe Abb. 13.1).

13.1 Zahlenpassen mit Zusatzaufgaben ...

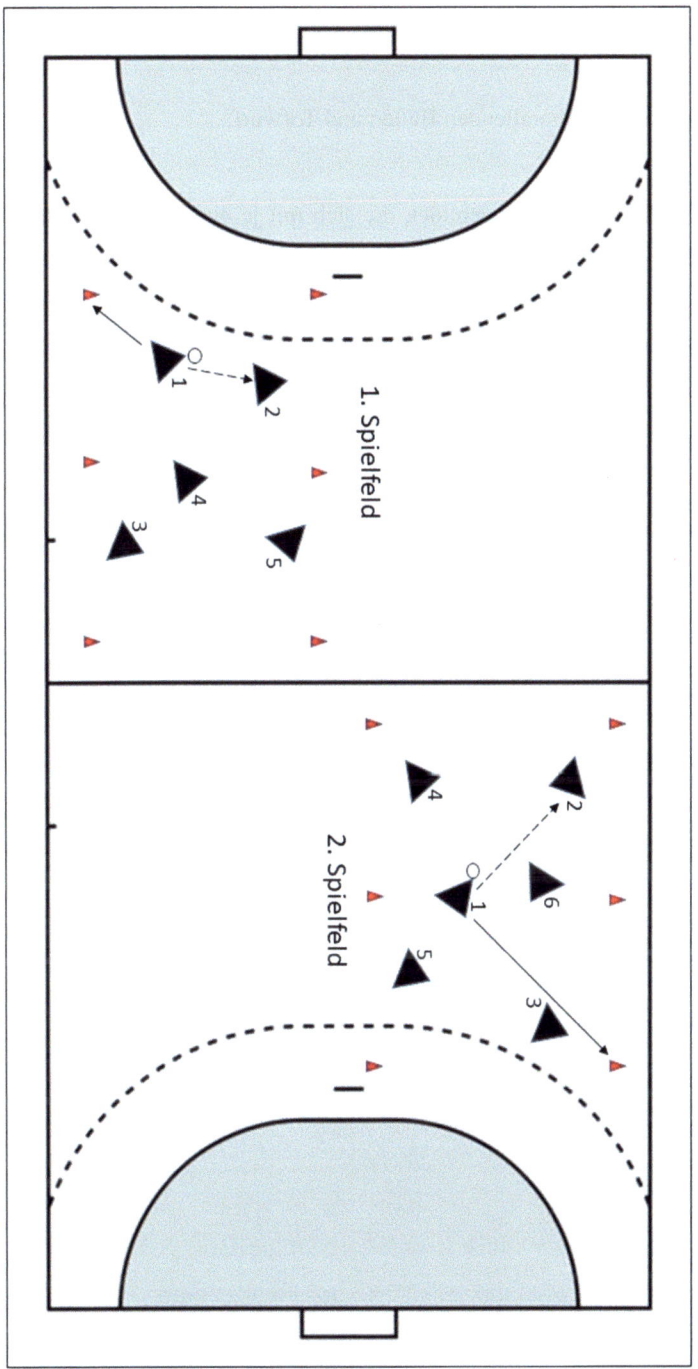

Abb. 13.1 Zahlenpassen mit Zusatzaufgaben

13.2 Abprallerball mit Torwurf

Ziel
Wahrnehmung von abprallenden Bällen und Torwurf.

Organisation
Es werden Zweiergruppen gebildet, die sich mit je einem Ball auf der RM-Position aufstellen. Ein Torhüter befindet sich im jeweiligen Tor.

Ablauf
Die Spieler laufen gleichzeitig an und der Ballbesitzer wirft verhalten aufs Tor. Der Torhüter klatscht den Ball in eine Richtung ab. Beide Spieler versuchen, den Ball im Zweikampf zu sichern und anschließend sofort und unter Gegnerbehinderung mit Torwurf abzuschließen.

Variation
- Hinzunahme eines Spielers auf RM mit Ball, von den Zweiergruppen steht je ein Spieler rechts bzw. links von ihm. RM wirft aufs Tor, anschließend erfolgt die Übung wie oben.
- Eröffnung der Übung aus unterschiedlichen Startpositionen mit höheren Kraftanforderungen: Liegestütz, Unterarmliegestütz (vorwärts, rückwärts, seitwärts), prellende Sprünge etc.
- Nach Torwurfaktion wird ein Gegenstoß gespielt: Der Nichtwerfer startet sofort nach Abschluss, der Werfer bekämpft den Gegenstoß.

Skizze
(Siehe Abb. 13.2).

13.2 Abprallerball mit Torwurf

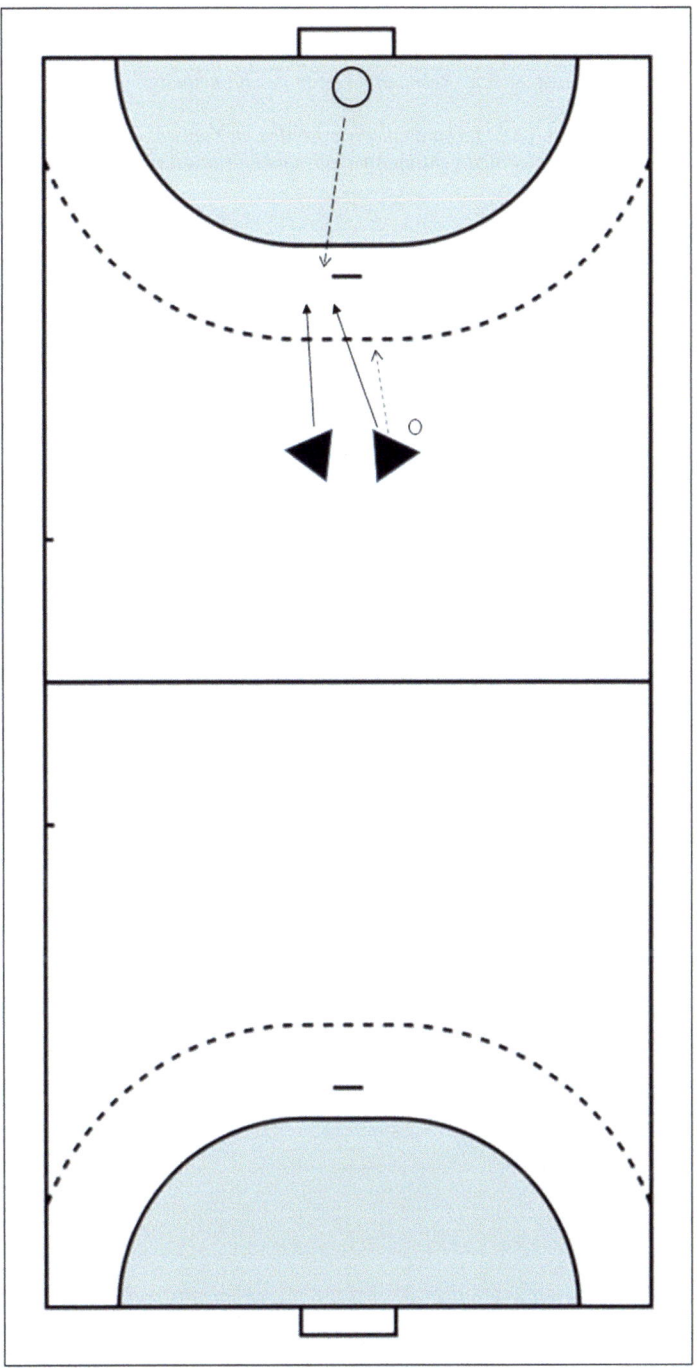

Abb. 13.2 Abprallerball mit Torwart

Literatur

Braun, R. (1992). Zahlenspielreihe. *Rebound – Organ des Basketballverbandes Baden-Württemberg, 2*, 26–30.

Memmert, D. & König, S. (2021). *Handballspiele werden im Kopf entschieden: Kognitives Training, Kreativität und Spielintelligenz im Amateur- und Leistungsbereich.* Meyer & Meyer.

Aufmerksamkeit & Schnelligkeit

14.1 Fangspiel „Jeder gegen jeden" (Memmert & König, 2021)

Ziel
Aufmerksamkeit bezüglich angreifender Gegenspieler zur Sicherung des eigenen Balles.

Organisation
Sämtliche Spieler befinden sich im Wurfkreis oder ggf. im Freiwurfkreis. Jeder Teilnehmer hat einen Ball.

Ablauf
Die Spieler prellen im vorgegebenen Raum durcheinander, und jeder versucht, die anderen am prellenden Arm zu berühren. Wer auf diese Weise berührt wird, sprintet sofort zur Mittellinie. Da hierbei andere im Weg stehen, sind schnelle Richtungswechsel (agility) angezeigt.

Variation
- Zu berührende Körperteile werden variiert, z. B. an einer Schulter, am Po usw.
- Statt Mitspieler zu berühren, versuchen alle, den anderen den Ball herauszuspielen. Wer den Ball so verliert, sprintet zur Mittellinie.
- Wer sich kurz vor einer Berührung hinsetzt (Ball hochhält, Wurfbewegung simuliert etc.), kann nicht gefangen werden.
- Wer zur Mitte sprinten muss, prellt mit der nicht-dominaten Hand oder im Wechsel.

Skizze
(Siehe Abb. 14.1)

14.1 Fangspiel „Jeder gegen jeden" ...

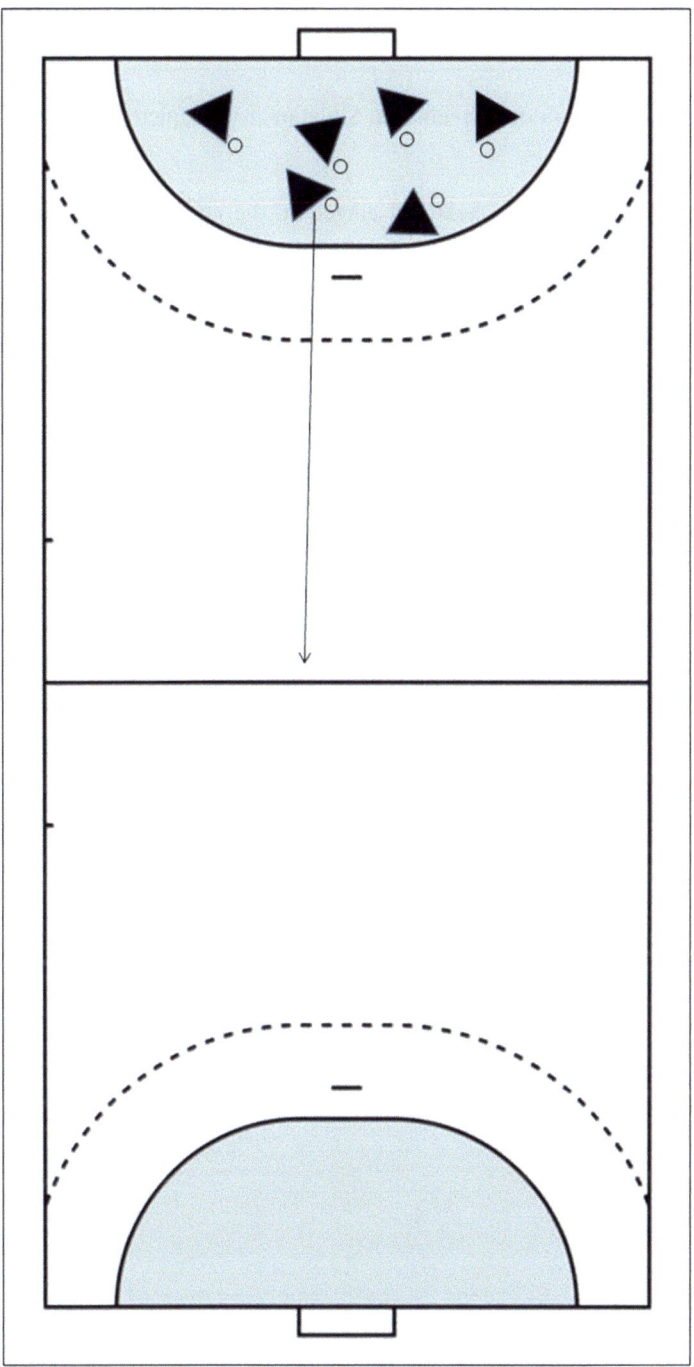

Abb. 14.1 Jeder gegen jeden

14.2 Spiel 1 gegen 2 in Sektoren (Nörenberg & Rau, 2006)

Ziel
Passwege von Angreifern in spielnahen Situationen antizipieren.

Organisation
Der Torraum wird in zwei Sektoren eingeteilt, die etwa den Arbeitsräumen von RL und RR entsprechen. In jedem Sektor agiert ein Rückraum-, ein Kreis- und ein Abwehrspieler.

Ablauf
Zum Auftakt spielen RL und KL einen Hin- und Rückpass. Anschließend wird innerhalb des Sektors 2 gegen 1 gespielt. Hierbei muss der Verteidiger sehr aufmerksam die Angreiferaktionen beobachten, um eine Chance zu haben. Nach Abschluss erfolgt derselbe Ablauf auf der rechten Seite.

Variation
- Kreisspieler agiert in verschiedenen Ausgangsstellungen.
- Die Angreifer kreuzen vor dem Verteidiger.

Skizze
(Siehe Abb. 14.2).

14.2 Spiel 1 gegen 2 in Sektoren ...

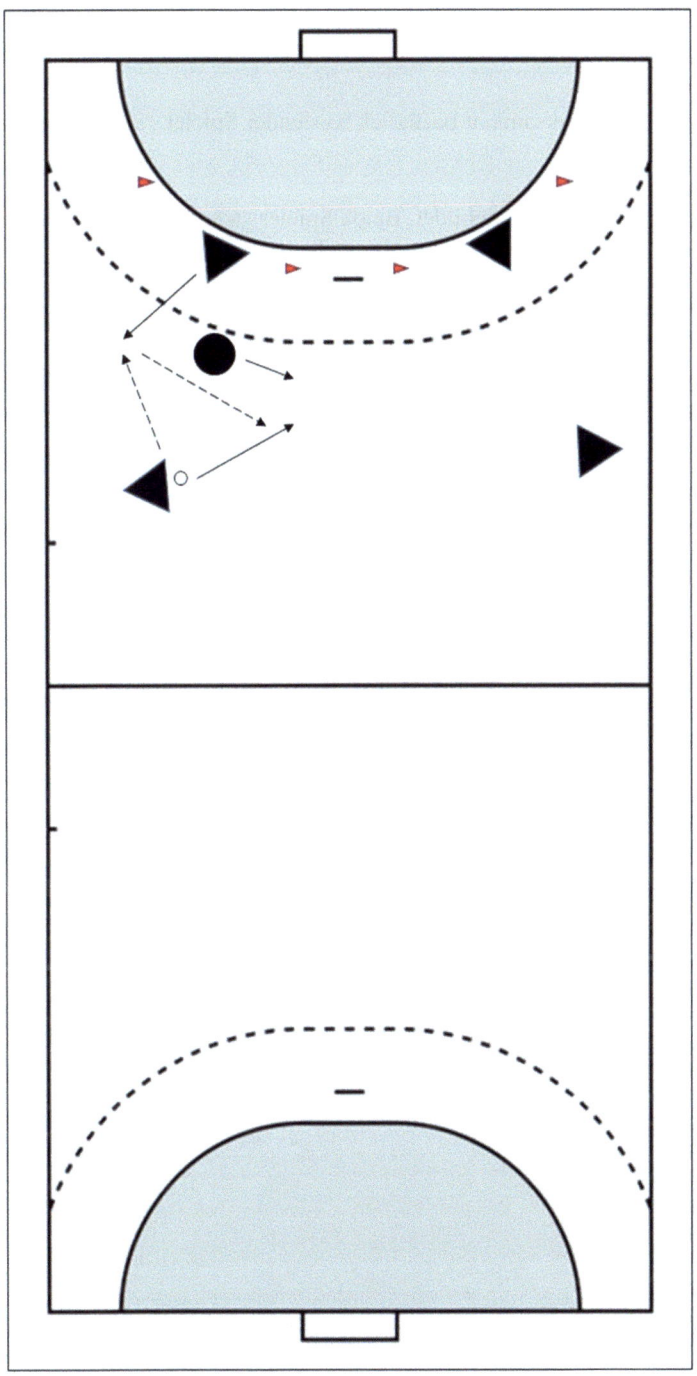

Abb. 14.2 Spiel 1 gegen 2

14.3 „Nur einer wirft" (Hagemann, 2000b)

Ziel
Schulung der Aufmerksamkeit bezüglich werfender Spieler.

Organisation
Es werden Zweiergruppen gebildet. Beide Spieler stehen – je mit einem Ball – im Bereich von RM. Im Tor befindet sich ein Torhüter, ein zweiter steht für schnelle Wechsel bereit.

Ablauf
Die Spieler prellen beide zeitgleich auf, holen aus, aber nur einer wirft (nach vorheriger Absprache) im Schlagwurf auf das Tor. Der Torhüter muss beide aufmerksam beobachten und entsprechend reagieren.

Variation
- Variation der Wurftechnik.
- Zusatzaufgabe: Vor der Wurfaktion lässt ein Anspieler (links oder rechts vom Tor) einen Ball fallen, den der TW erläuft und zurückspielt. Anschließend Torwurfabwehr wie oben.
- Beide Spieler werfen nacheinander (wenige Sekunden Abstand).
- Ein Spieler wirft wie oben beschrieben aufs Tor, der andere rollt den Ball in den Torkreis. Beide Angreifer starten anschließend zum Gegenstoß. Der Torhüter muss nach Wurfabwehr einen zweiten Ball ersprinten.

Skizze
(Siehe Abb. 14.3).

14.3 „Nur einer wirft" …

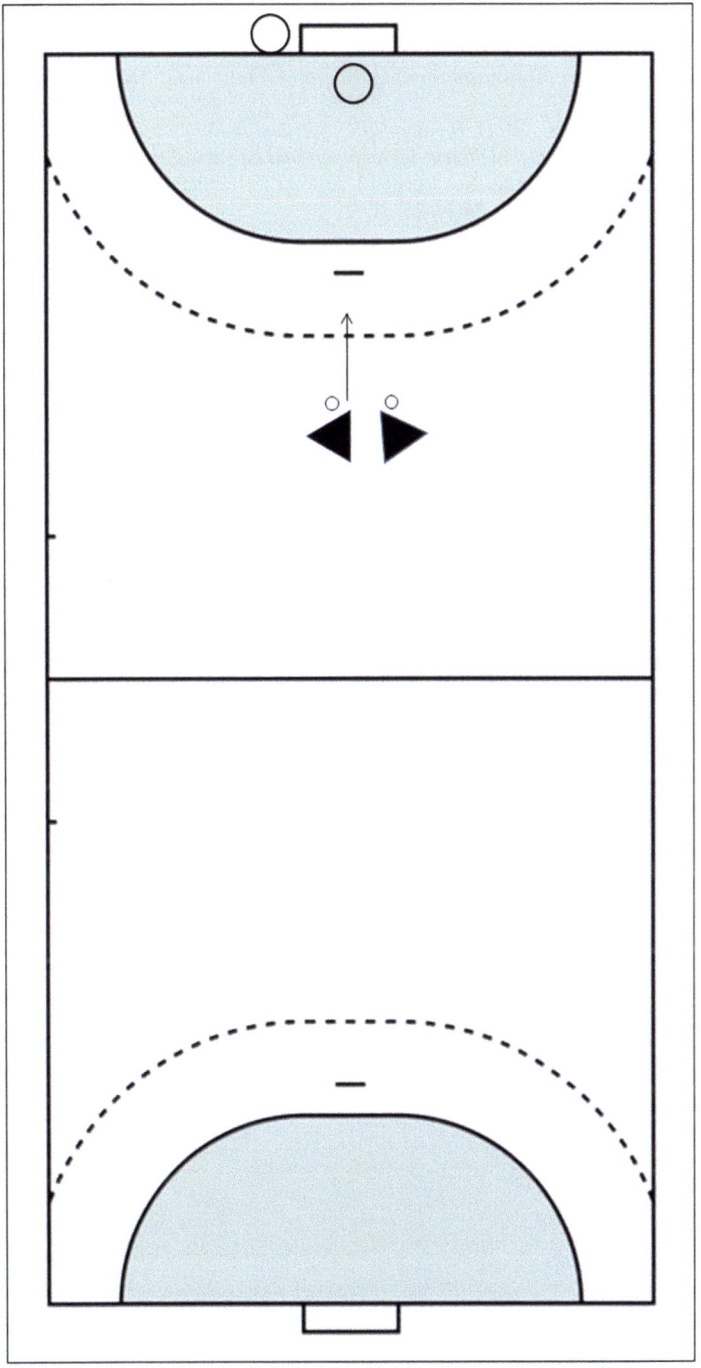

Abb. 14.3 Nur einer wirft

Literatur

Hagemann, N. (2000b). Torwartspezifisches Koordinationstraining. Teil 2. *Handballtraining, 22*(6), 12–14.

Memmert, D. & König, S. (2021). *Handballspiele werden im Kopf entschieden: Kognitives Training, Kreativität und Spielintelligenz im Amateur- und Leistungsbereich.* Meyer & Meyer.

Nörenberg, F., & Rau, A. (2006). Nur 1 gegen 1-Abwehr zu trainieren, bedeutet nur die Hälfte zu trainieren! *Handballtraining, 28*(1), 26–31.

Aufmerksamkeit & Ausdauer 15

15.1 Beinarbeit: Aufmerksam und spezifisch (Petersen, 2005)

Ziel
Unter azyklischen Ausdauerbelastungen einen Spieler aufmerksam beobachten und eigene Bewegungen darauf abstimmen.

Organisation
Alle Spieler bilden einen Kreis, wobei Kreise auf dem Hallenboden als Orientierung dienen können.

Ablauf
Ein Spieler gibt abwehrspezifische Bewegungen vor, alle anderen müssen ihn imitieren und dabei die Kreisformation aufrechterhalten (Abb. 15.1a). Als Grundbewegung sind Seitwärtsbewegungen (Steppen) im Wechsel ideal; es ist auf eine längere Belastungszeit zu achten. Der „taktgebende" Spieler sollte regelmäßig gewechselt werden.

Variation
- Abwechselnd steppen und (seitwärts) sprinten.
- Hinzunahme von Blocksprüngen (Abb. 15.1b).
- Hinzunahme von Sprints nach vorne (zum Kreis hin) und rückwärts zurück.
- Sämtliche Bewegungen werden zusätzlich angesagt, alle anderen wiederholen die Ansagen.
- Hinzunahme weiterer (unspezifischer) Bewegungen, wie z. B. Hinlegen und Aufstehen, Burpees, Strecksprünge und abrollen nach der Landung.

Foto

15.1 Beinarbeit: Aufmerksam und spezifisch …

Abb. 15.1 **a,b** Beinarbeit

15.2 Spiel 1 gegen 1 im Basketballkreis (Nörenberg & Rau, 2006)

Ziel
Unter azyklischen Ausdauerbelastungen Ballwege aufmerksam beobachten und Pässe abfangen.

Organisation
Die Spieler werden in Dreiergruppen eingeteilt. Jede Dreiergruppe geht an einen Basketballkreis. Falls nicht vorhanden, können auch andere Linien verwendet werden.

Ablauf
Zwei Angriffsspieler spielen sich fortlaufend den Ball zu, wobei die Pässe immer durch den Basketballkreis gespielt werden müssen. Ein Verteidiger, der im Kreis agiert, versucht durch schnelles, variables und vor allem aufmerksames Spiel Fehlpässe zu provozieren (Abb. 15.2).

Variation
- Den Abstand der Angreifer variieren.
- Übung auf bestimmte Passvarianten begrenzen, z. B. Bodenpässe.
- Ausdauerbelastung durch Zeitvorgaben erhöhen.
- Die Angreifer simulieren hin und wieder einen Wurfansatz: Der Verteidiger tritt dann sofort offensiv heraus.

Foto

Abb. 15.2 Spiel 1 gegen 1 im Basketballkreis

Literatur

Nörenberg, F., & Rau, A. (2006). Nur 1 gegen 1-Abwehr zu trainieren, bedeutet nur die Hälfte zu trainieren! *Handballtraining, 28*(1), 26–31.

Petersen, K.-D. (2005). 3:2:1-Abwehr – das zentrale Abwehrsystem in der DHB-Förderung. *Handballtraining, 27*(5+6), 4–12.

Aufmerksamkeit & Koordination

16.1 „Zwei-Felder-Passspiel" (Memmert & König, 2023)

Ziel
Unter hohem Präzisionsdruck und variablen optischen Informationsanforderungen einen Partner beobachten und über verschiedene Distanzen einen Ball mit ihm passen.

Organisation
Es werden Zweiergruppen gebildet, wobei jede Gruppe einen Ball erhält. Spieler A jeder Gruppe befindet sich in Feld 1 (z. B. eine Spielfeldhälfte des Handballfeldes), Spieler B ist in Feld 2.

Ablauf
Alle Spieler laufen in ihrem Feld kreuz und quer durcheinander. Zusätzlich spielen sich die beiden Spieler eines Teams den Ball permanent mit Schlagwurfpässen zu.

Variation
- Sämtliche Zuspiele erfolgen per Bodenpass oder Sprungwurfpass.
- Auf ein optisches Zeichen des Trainers wechseln die beiden Spieler die Felder, wobei der ballbesitzende Spieler dies prellend tut.
- Hinzunahme von zusätzlichen neutralen Spielern in jedem Spielfeld. Diese sind per Doppelpass einzubeziehen, falls ein direkter Pass zum Partner nicht möglich ist.
- Die neutralen Spieler werden zu Verteidigern, die Zuspiele verhindern oder die Ballannahme stören. Dies führt zu einer Erhöhung der Aufmerksamkeitsleistung der Zweiergruppen.

Skizze
(Siehe Abb. 16.1)

16.1 „Zwei-Felder-Passspiel" ...

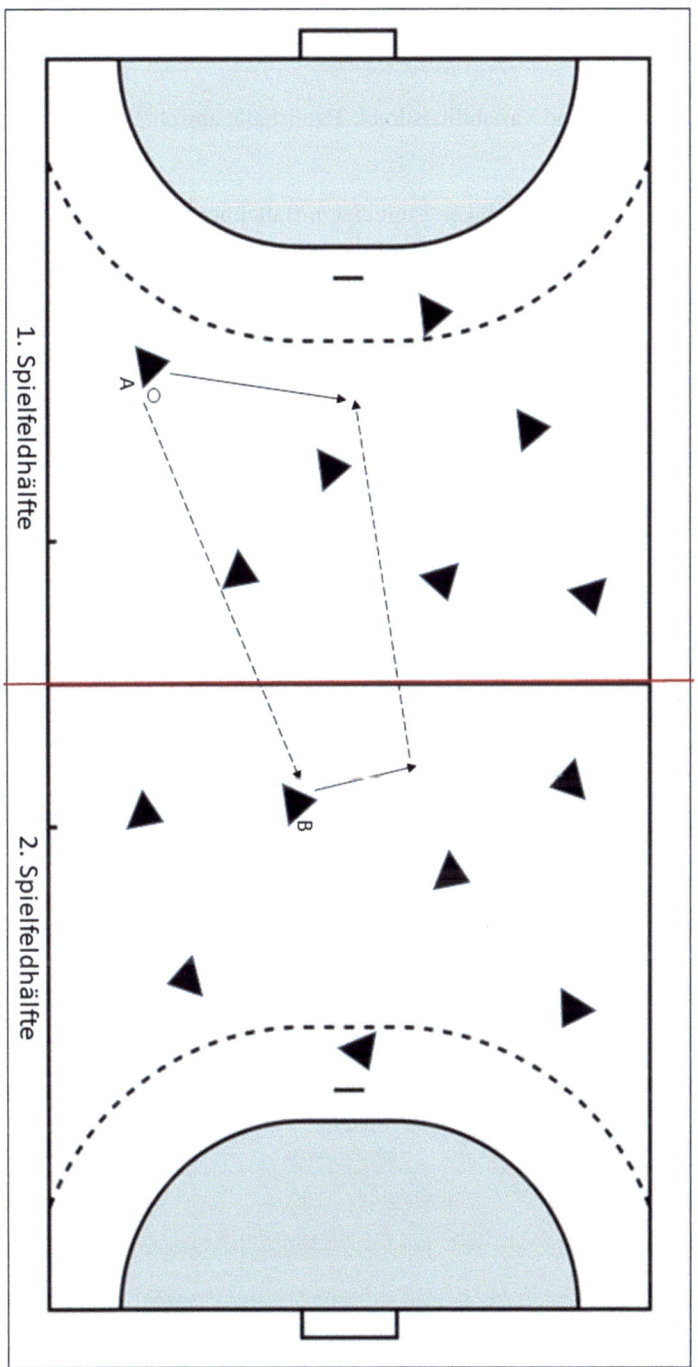

Abb. 16.1 Zwei-Felder-Passspiel

16.2 Torhüterübung mit Holzbrett (Hagemann, 2000a)

Ziel
Unter hohem Zeit- und Variabilitätsdruck Tennisbälle abwehren.

Organisation
Torhüter 1 steht im Tor, Torhüter 2 mit einem Balleimer (mit Tennisbällen) seitlich vom Tor, der Trainer (oder eine andere Person) befindet sich mit einem Holzbrett am Wurfkreis (Abb. 16.2a).

Ablauf
Torhüter 2 wirft in unterschiedlichen Zeitabständen Tennisbälle auf das Holzbrett des Trainers, der dieses in verschiedenen Winkelstellungen hält. Torhüter 1 wehrt die abprallenden Bälle ab (Abb. 16.2b).

Variation
- Variation der Wurfhärte des Torhüters 2.
- Variation des Abstands des Trainers vom Tor.
- Variation des Übungsgeräts: Tennisschläger statt Holzbrett.
- Erhöhung des Komplexitätsdrucks: 2 Personen mit Holzbrett.
- Erhöhung des Belastungsdrucks: Vor Wurf Zusatzübung, wie z. B. Burpee o. ä.

Foto

16.2 Torhüterübung mit Holzbrett ...

Abb. 16.2 a,b Torhüterübung mit Holzbrett

16.3 Spiel 1 gegen 2 auf beiden Seiten (Nörenberg & Rau, 2006)

Ziel
Unter hohem Zeit-, Präzisions- und Komplexitätsdruck im Angriff eine Überzahl herausspielen.

Organisation
Pro Wurfkreis werden die Angreifer-Positionen LA, RL (2x), RR (2x) und RA besetzt. In der Abwehr agieren AR und AL. Der Aktionsraum der Außen ist begrenzt (siehe rote Hütchen in der Skizze).

Ablauf
Auftaktpass RL – LA und zurück. Anschließend passt RL im Sprung zu RR. RR und RA spielen jetzt 2 gegen 1 in einem begrenzten Spielraum, AL muss variabel und aufmerksam verteidigen. Anschließend beginnt der Ablauf von der rechten Seite.

Variation
- Das Spiel kann wieder auf die linke Seite zurückverlagert werden.
- Pässe zum Eckaußen zulassen.

Skizze
(Siehe Abb. 16.3)

16.3 Spiel 1 gegen 2 auf beiden Seiten …

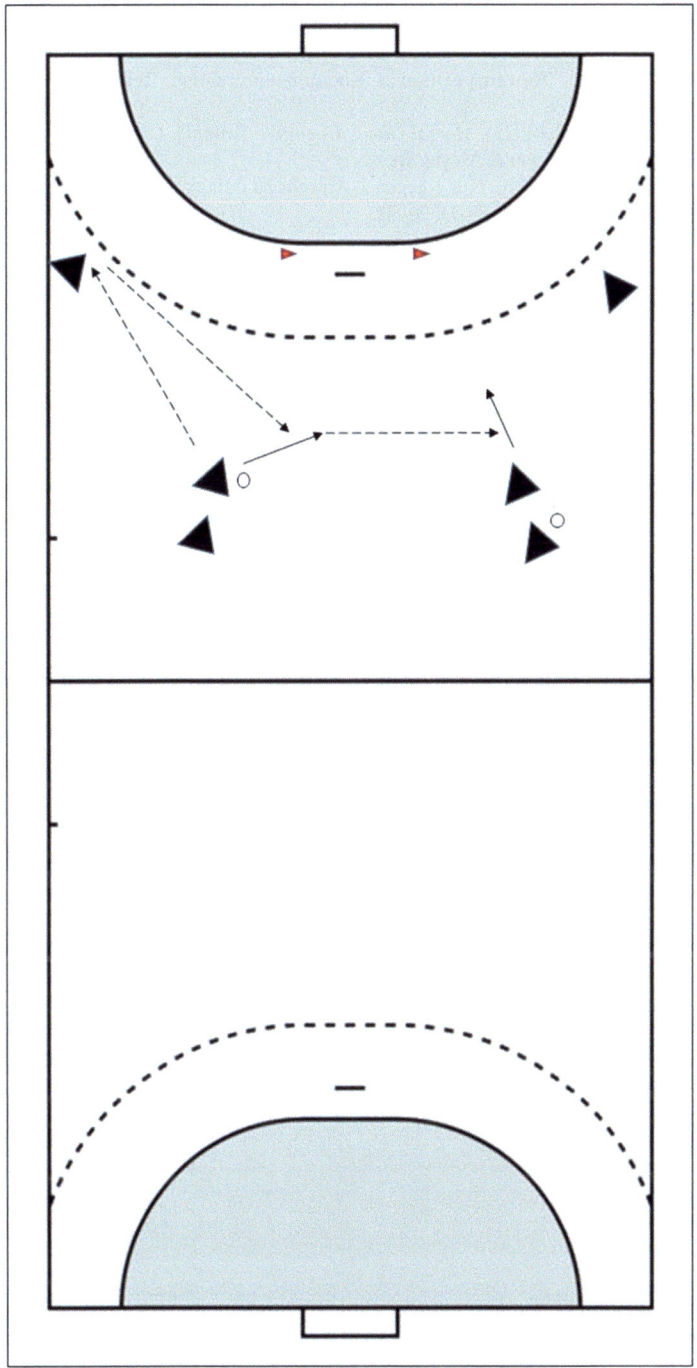

Abb. 16.3 Spiel 1 gegen 2 auf beiden Seiten

Literatur

Hagemann, N. (2000a). Torwartspezifisches Koordinationstraining. Teil 1. *Handballtraining, 22*(3+4), 14–19.

Memmert, D. & König, S. (2023). *Mental Game. Cognitive Training, Creativity, and Game Intelligence in Handball*. Meyer & Meyer Sport.

Nörenberg, F., & Rau, A. (2006). Nur 1 gegen 1-Abwehr zu trainieren, bedeutet nur die Hälfte zu trainieren! *Handballtraining, 28*(1), 26–31.

Aufmerksamkeit & Kraft 17

17.1 Prellen am Ort mit Kraftelementen (Memmert & König, 2021)

Ziel
Einen Partner aufmerksam beobachten und unter erhöhten Kraftbeanspruchungen seine Bewegungen imitieren.

Organisation
Es werden Zweiergruppen gebildet, jeder der beiden Spieler hat einen Ball. Die Spieler eines Teams stellen sich in einem Abstand von etwa drei Metern einander gegenüber auf.

Ablauf
Spieler A prellt am Ort und setzt sich dabei hin, steht wieder auf, setzt sich hin usw. (Abb. 17.1a). Spieler B imitiert Spieler A. Nach einer längeren Belastungsdauer (z. B. 20–30 s) erfolgt ein Wechsel. Wichtig ist, dass die Spieler auch eigene Ideen einbringen, um die Übung abwechslungsreich zu gestalten.

Variationen
- Der Wechsel der Spieler erfolgt auf ein optisches Zeichen des Trainers (Abb. 17.1b). Der neue „Leader" sollte dann auch die Zusatzübung ändern.
- Alternative Zusatzübungen sind beidbeinige Sprünge, in Rücken- oder Bauchlage gehen, im Liegestütz prellen, während Crunchers prellen etc.
- Die Übung wird in Dreierteams ausgeführt, das heißt, Spieler A demonstriert, B und C imitieren. Durch Demonstrieren von drei Spielern verlängert sich die Übungszeit und damit die Anforderungen an die Kraftausdauer.

17.1 Prellen am Ort mit Kraftelementen ...

Abb. 17.1 a,b Prellen am Ort mit Kraftelementen

17.2 Prellübungen in der Bewegung mit Imitationshandlungen (Petersen, 2005)

Ziel
Einen Partner aufmerksam beobachten und unter erhöhten Kraftbeanspruchungen seine Bewegungen imitieren.

Organisation
Es werden Zweiergruppen gebildet, jeder der beiden Spieler hat einen Ball. Es steht mindestens eine Hallenhälfte zur Verfügung.

Ablauf
Spieler A prellt durch die Halle, B folgt ihm und imitiert seine Bewegungen (Abb. 17.2a). Aufgabenwechsel nach etwa einer Minute auf Signal des Trainers. Wichtig: A soll auch unkonventionelle Bewegungen ausführen und turnerische Elemente einbauen (Kräftigung).

Variationen
- Variation der Bewegungsform: Hinsetzen und Aufstehen, Ball durch die Beine tippen, Rad schlagen, Rolle vw, Aufschwingen in den Handstand etc.
- Einbau kurzer Sprints zwischen den Bewegungen.
- Einbau kleiner Kraftübungen zwischen den Bewegungen, wie z. B. Liegestütze (Abb. 17.2b), Sprünge, Abfahrtshocke, ...

17.2 Prellübungen in der Bewegung mit ... 125

Abb. 17.2 a,b Prellübungen in der Bewegung

17.3 Abwehr von Würfen aus dem Rückraum

Ziel

Aus dem Rückraum werfende Spieler aufmerksam beobachten und unter erhöhten Kraftbeanspruchungen Bälle abwehren.

Organisation

Die Feldspieler bilden eine Reihe auf Rückraum Mitte (11–12 Meter Abstand zum Tor), jeder Spieler hat einen Ball. TW 1 befindet sich im Tor in Bauchlage und auf der linken Seite; TW 2 ist neben dem Tor (Abb. 17.3a). Ein Wechsel erfolgt nach 6 bis 8 Würfen.

Ablauf

Spieler RM 1 prellt seinen Ball hart auf (Zeichen für TW) und führt dann einen Sprungwurf aus, der vor der Freiwurflinie erfolgen muss; Zielvorgabe: Ecke unten oder oben. TW 1 springt auf dieses Zeichen in die Hocke und beobachtet gleichzeitig den Werfer. Anschließend Wurfabwehr (Abb. 17.3b). Ausgangspunkt für den 2. Wurf ist die rechte Seite.

Variationen

- Unterschiedliche Zielvorgaben, wobei TW 2 hinter dem Tor steht und diese durch Zeichen vorgibt.
- Alternative Auftakthandlungen, z. B. Pass zu RL oder RR und Rückpass.
- TW steht hinter einem Bock im Tor. Auf Zeichen des Werfers grätscht er über das Gerät und wehrt anschließend den Ball ab.

17.3 Abwehr von Würfen aus dem Rückraum

Abb. 17.3 a,b Abwehr von Würfen aus dem Rückraum

Literatur

Memmert, D. & König, S. (2021). *Handballspiele werden im Kopf entschieden: Kognitives Training, Kreativität und Spielintelligenz im Amateur- und Leistungsbereich.* Meyer & Meyer.

Petersen, K.-D. (2005). 3:2:1-Abwehr – das zentrale Abwehrsystem in der DHB-Förderung. *Handballtraining, 27*(5+6), 4–12.

Kreativität & Schnelligkeit 18

18.1 Überzahlsituationen variabel lösen (Memmert, 2004a; Uhl, 2025)

Ziel

Eine Überzahlsituation während Transition offense unter hoher Geschwindigkeit variabel und nicht erwartbar lösen.

Organisation

In einem schmalen Spielfeld, das in drei hintereinanderliegende Segmente (Spielfeldabschnitte) gegliedert ist, spielen zwei Angreifer dreimal 2 gegen 1. Abschlusshandlung ist ein Torwurf. Bälle werden an der Ausgangslinie deponiert (Kleinkasten).

Ablauf

Die Spieler A und B überqueren das durch Hütchen begrenzte Handballspielfeld mit hoher Geschwindigkeit. Hierbei müssen sie drei Mal nacheinander eine 2 gegen 1 unterschiedlich lösen; Lösungsvielfalt ist also Kern der Übung. Zum Schluss werfen sie variabel auf das Tor. Sollten sie den Ball verlieren, ist die Übung zu Ende und das nächste Zweierteam startet.

Variationen

- Bei Ballverlust wird zurückgesprintet und ein neuer Ball aus dem Ballkasten geholt.
- Duell zwischen 2 Teams; Sieger ist, wer aus 3 oder 4 Wiederholungen die wenigsten Fehler und die meisten Tore macht.
- Unerwartete Torwürfe (Heber, Kempa, …) zählen beim Duell doppelt.
- Die Übung wird in Gleichzahl umgesetzt, d. h., es gibt drei Mal ein 2 gegen 2 zu lösen. Hilfe durch 2 neutrale Anspieler an den beiden Seitenlinien.

Skizze

(Siehe Abb. 18.1).

18.1 Überzahlsituationen variabel lösen

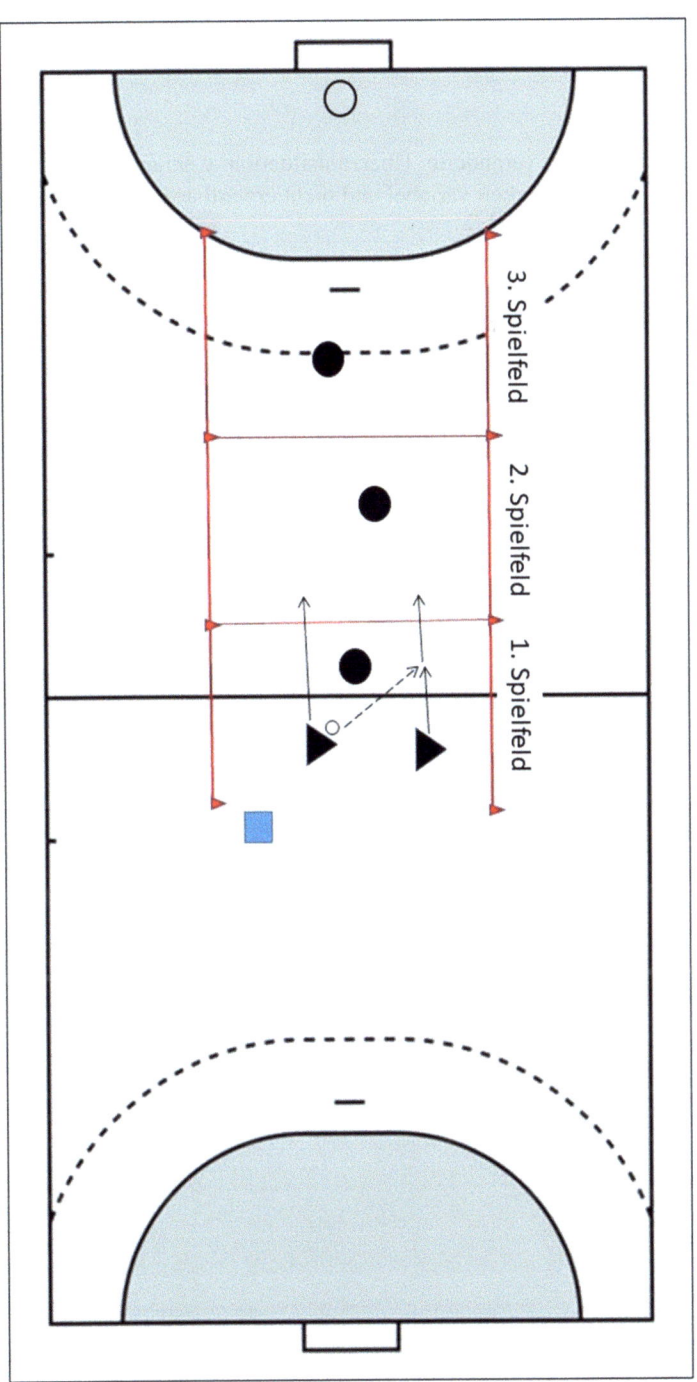

Abb. 18.1 Überzahl variabel lösen

18.2 Schnelle Mitte für „Anfänger" (Leukefeld & Schubert, 1997)

Ziel
Eine sich unerwartet veränderte Überzahlsituation während Transition offense unter hoher Geschwindigkeit variabel und nicht erwartbar lösen.

Organisation
RL und RR liegen in Bauchlage vor der Mittellinie. RM steht an der Freiwurflinie. Beide Tore sind mit Torhütern besetzt.

Ablauf
TW 1 spielt einen Ball zu RM, der zur Mittellinie läuft und einen Fuß auf diese stellt (Anspielregel). Mit Anpfiff durch den Trainer stehen RL und RR auf und einer von beiden erhält den Ball von RM. Der Spieler ohne Ball wird sofort zum Abwehrspieler, gegen den RM und der zweite Angreifer eine Überzahl ausspielen. Wichtig ist, dass der Abwehrspieler immer wieder neue Verhaltensweisen zeigt, um von den Angreifern unterschiedlichste Lösungen zu verlangen.

Variationen
- Hinzunahme eines 2. Abwehrspielers, der von der Seite ins Spielfeld läuft. Hierbei sollten Spieler abwechselnd von links oder rechts einlaufen.
- Alle drei Angreifer agieren als Angreifer und zwei Abwehrspieler laufen von der Seite ins Spielfeld.
- RL und RR starten regelgerecht, d. h., sie warten hinter der Mittellinie, bis das Spiel angepfiffen wird.
- Zur Ausführung der Schnellen Mitte den gesamten Rahmen (mit 1,5 m Toleranz nach beiden Seiten von der Mitte) ausnutzen.

Skizze
(Siehe Abb. 18.2).

18.2 Schnelle Mitte für „Anfänger" ...

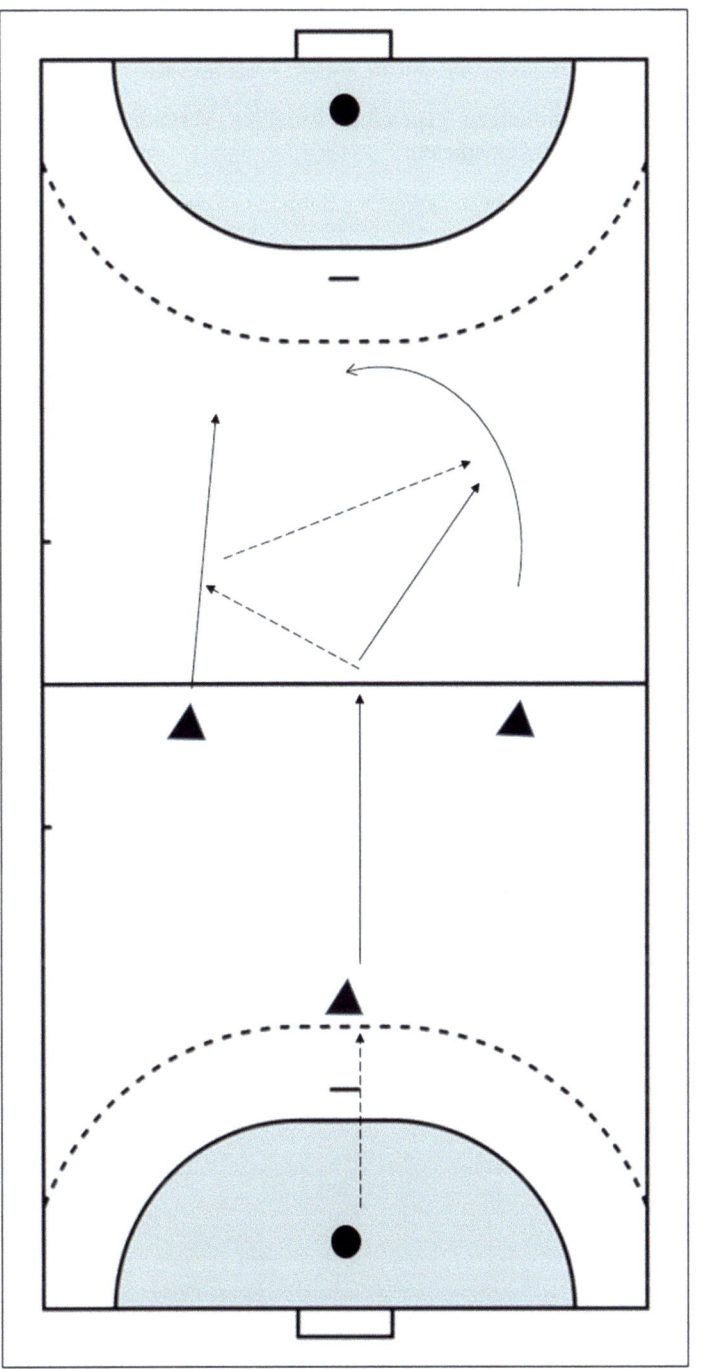

Abb. 18.2 „Schnelle Mitte" für Anfänger

18.3 Die Verteidigung lesen und kreativ handeln

Ziel

Kreative Angriffshandlungen gegenüber variablen Verteidigungskonstellationen mit hoher Geschwindigkeit spielen.

Organisation

Es wird auf ein Torgespielt. Hierbei sind im Angriff die Positionen RL, RM und RR besetzt, in der Abwehr agieren HL, HM und HR (im Idealfall doppelt). Zusätzlich werden die beiden Außenspieler als Zuspieler benötigt (bitte je eine Ballkiste an der Seitenlinie deponieren). Im Tor wechseln sich zwei Torhüter nach jedem Angriff ab.

Ablauf

Die Abwehrkette spricht ein taktisches Verhalten ab (z. B. defensiv oder offensiv, mit einer Manndeckung etc.). Anschließend bringt einer der beiden Außen einen Ball zum nächsten Rückraumspieler ins Spiel, und das Angreifer-Team muss die Situation schnellstmöglich, d. h. in einem vorgegebenen Zeitintervall variabel lösen. Danach kommt das zweite Abwehr-Team an die Reihe, welches bereits eine völlig andere Strategie abgesprochen hat.

Variationen

- Nach Auftaktpass die Anzahl der möglichen Pässe begrenzen, z. B. sechs.
- Die Außenspieler können alle drei Rückraumspieler anspielen; der erste Ballbesitzer spielt ab und läuft an den Kreis ein. Danach flexible Lösung der Situation.
- Hinzunahme einer Ausdauerkomponente: Übung endet nach 3 erfolgreichen und unterschiedlich gelösten Angriffen.

Skizze

(Siehe Abb. 18.3).

18.3 Die Verteidigung lesen und kreativ handeln

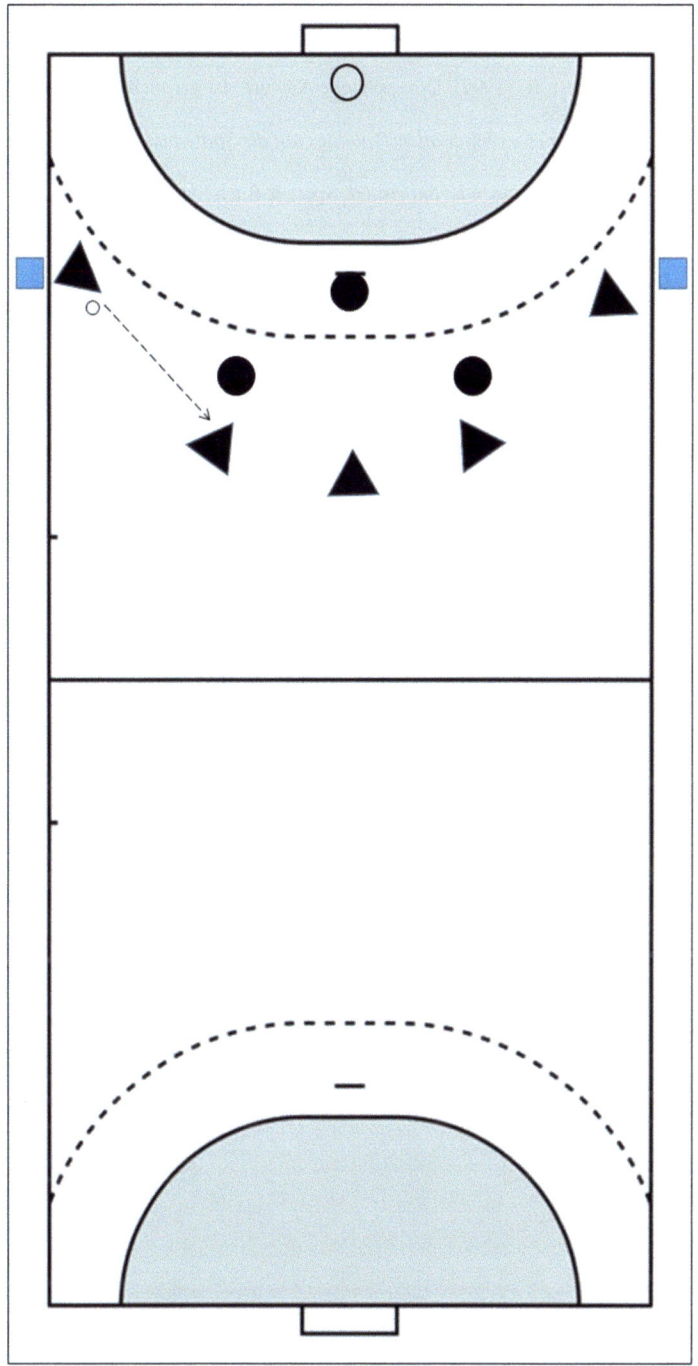

Abb. 18.3 Die Verteidigung lesen und kreativ handeln

Literatur

Leukefeld, D. & Schubert, R. (1997). Der „schnelle Anwurf" ist gar nicht so schnell. *Handballtraining 19*(7+8), 53–58.
Uhl, E. (2025). *Wirkungen eines bilateralen Trainings auf die Sportspielfähigkeit im Kinderhandball.* Logos.
Memmert, D. (2004a). *Kognitionen im Sportspiel.* Sport & Buch Strauß.

Kreativität & Ausdauer 19

19.1 Variables Abwehrspiel 2 gegen 2 (Nörenberg & Rau, 2006)

Ziel
Unter hoher Ausdauerbelastung durch variables Abwehrverhalten Passwege schließen.

Organisation
Pro Spielfeldseite werden die Angriffspositionen Linksaußen (LA), Rückraum links (RL), Rückraum rechts (RR) und Rechtsaußen (RA) besetzt. Die Spielfeldmitte wird durch Hütchen geschlossen, auf ihr befindet sich der Zuspieler mit vielen Bällen. Zusätzlich sind in jeder Angriffszone zwei Verteidiger.

Ablauf
Der Zuspieler (RM) eröffnet das Spiel mit einem Pass nach rechts. Dort wird 2 gegen 2 gespielt und im besten Fall abgeschlossen. Gelingt kein Abschluss, wird der Ball nach links gespielt, wobei die ballfernen Verteidiger Pässe variabel abfangen sollen und verteidigen. Ist ein Ball „verbraucht", kommt sofort der nächste ins Spiel. Eine Ausdauerbelastung erfordert unbedingt hohe Wiederholungszahlen.

Variationen
- Reduktion zum Spiel 2 gegen 1, der Verteidiger muss unerwartete Lösungen finden.
- Erweiterung zum Spiel 3 gegen 2, d. h. Hinzunahme eines Kreisspielers auf jeder Seite. Die Verteidiger müssen variable und unerwartete Lösungen finden.
- Erweiterung der Passmöglichkeiten: Passvorgaben bis auf ersten Pass aufheben und
- beispielsweise Pässe zum Eckaußen der Gegenseite zulassen.

Skizze
(Siehe Abb. 19.1).

19.1 Variables Abwehrspiel 2 gegen 2 ...

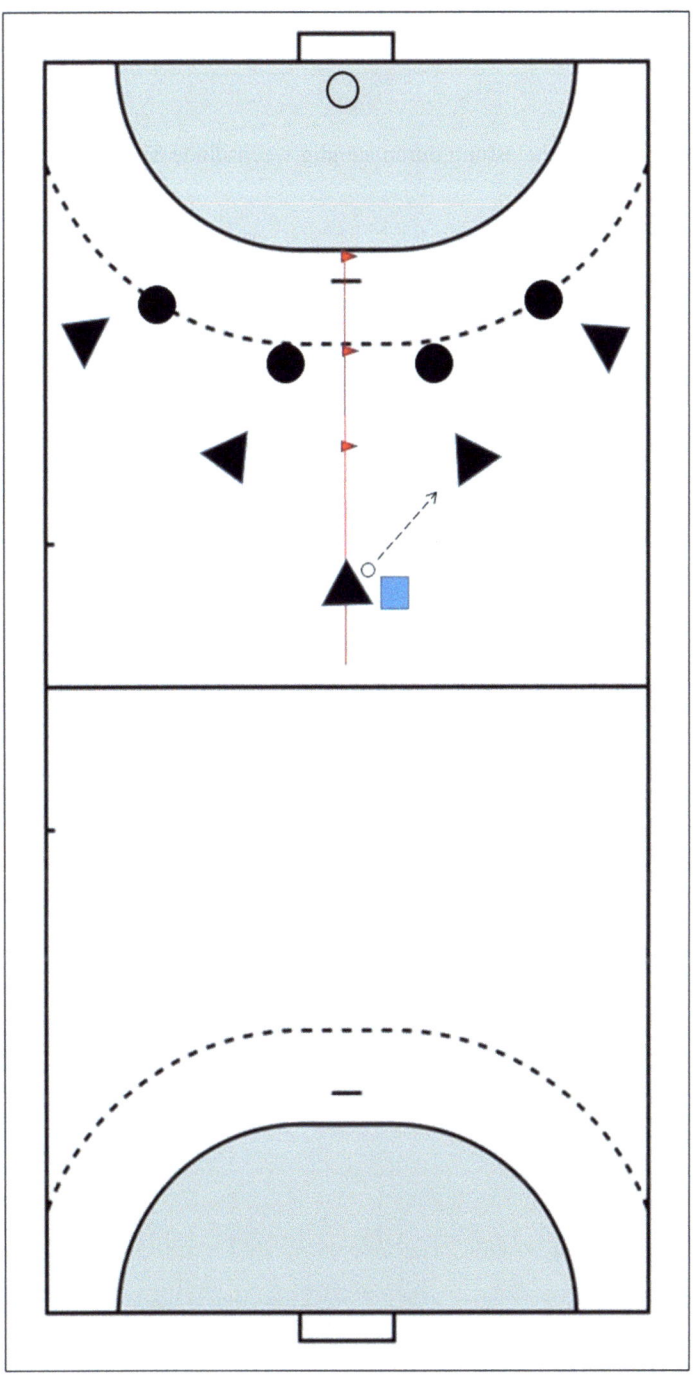

Abb. 19.1 Variables Abwehrspiel 2 gegen 2

19.2 Überschlagspiel „variable transition offense" (Kühl, 2005)

Ziel
Unter hoher Ausdauerbelastung durch ständig wechselnde Situation die Transition offense variable gestalten.

Organisation
Die Feldspieler werden in drei Dreierteams eingeteilt. Beide Tore sind mit Torhütern besetzt; diese haben neben dem Tor eine Ballkiste. Team A beginnt das Überschlagspiel gegen B von der Mittellinie in der Überzahl 3 gegen 2.

Ablauf
Nach dem Auftaktangriff von A spielt B entweder einen Gegenstoß oder – bei Tor – eine Schnelle Mitte; diese wird vom dritten, von außen einlaufenden Spieler ausgeführt. Anschließend greift Team B gegen C in Überzahl an. Nach Abschluss dieses Angriffs spielt Team C gegen A. Wichtig ist, dass die Spieler, die von außen einlaufen, abwechselnd von beiden Seiten kommen, um immer wieder neue Situationen zu schaffen.

Variationen
- Die beiden äußeren Spieler einer Mannschaft müssen ein Hütchen an der Seitenlinie berühren. Ziel ist, die gesamte Spielfeldbreite zu nutzen.
- Der Spieler, der am weitesten hinten steht, läuft zur Mitte und erhält den Ball. Folglich finden Kreuzbewegungen statt.
- Dritter Abwehrspieler steht neben dem Tor, spielt nach Abschluss von dort den Ball zum Torwart und läuft als Libero hinterher.

Skizze
(Siehe Abb. 19.2).

19.2 Überschlagspiel „variable transition offense" ...

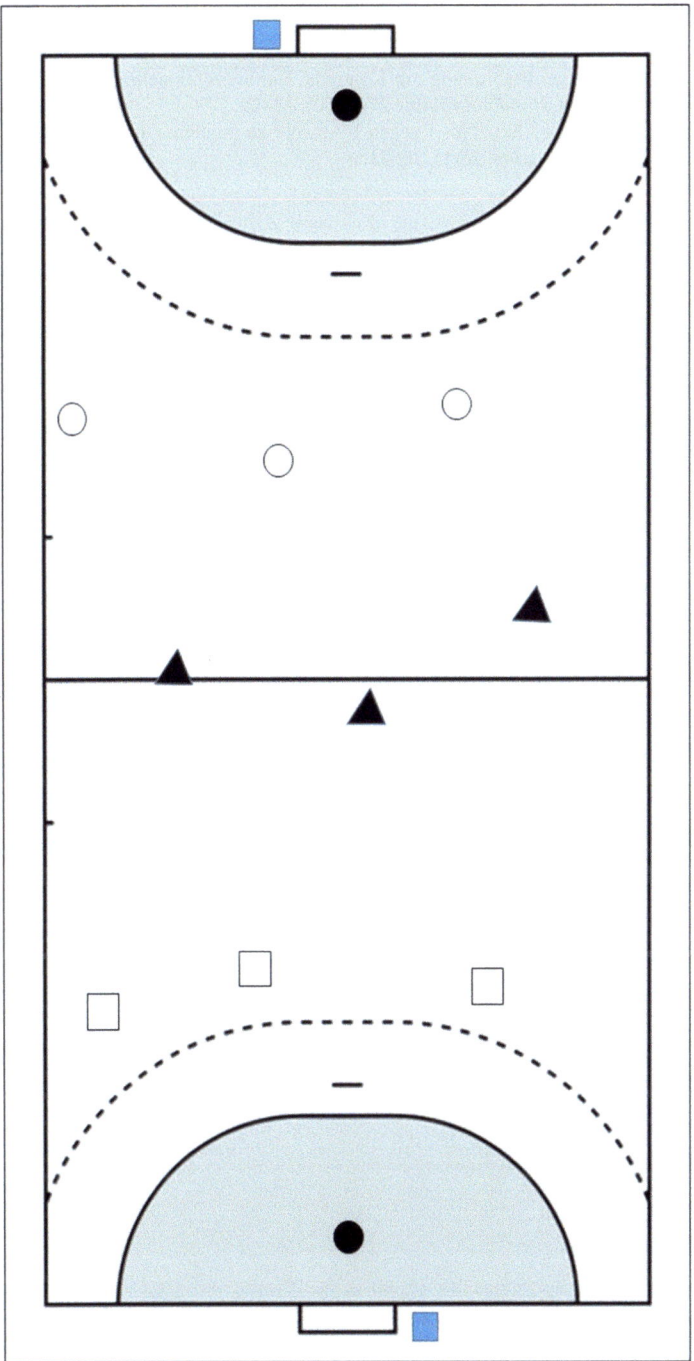

Abb. 19.2 Variable transition offense

Literatur

Kühl, C. H. (2005). Gegenstoßtraining mit Kontinua. Ein konzeptionelles Gegenstoßtraining für Jugendmannschaften. *Handballtraining 27*(9+10), 23–29.

Nörenberg, F., & Rau, A. (2006). Nur 1 gegen 1-Abwehr zu trainieren, bedeutet nur die Hälfte zu trainieren! *Handballtraining, 28*(1), 26–31.

Kreativität & Koordination

20.1 Wurftraining von Ecken- und Linienaußen (Kromer, 2015)

Ziel
Unter hohen Druck- und Informationsverarbeitungsbedingungen Wurfvarianten entwickeln.

Organisation
Pro Spielfeldseite werden die Angriffspositionen Linksaußen (LA), Rückraum links (RL), Rückraum rechts (RR) und Rechtsaußen (RA) besetzt. In den Toren werden zwei oder drei Trainings-Dummies positioniert, ebenfalls wird der Aktionsraum der Außenspieler durch eine solche Puppe eingeschränkt.

Ablauf
Der LA eröffnet das Spiel von der Eckenaußenposition mit einem Pass zu RL, der nach einer Stoßbewegung zu Mitte den Ball zurückspielt. LA startet in den Rückpass hinein und wirft in die Lücken zwischen den Dummies. Hierbei ist bewusst Vielfalt und Experimentieren gefordert, indem bspw. auch Dreher, Heber etc. umgesetzt werden. Nach Abschluss beginnt die Übung auf der rechten Seite.

Variationen
- Erhöhung des Präzisionsdrucks: Verkleinerung der Lücken zwischen den Dummies.
- Erhöhung Variabilitätsdruck: Abwechselnder Start von Ecken- und Linienaußen.
- Erhöhung Zeitdruck: Realer Verteidiger, der nach Pass von RL/RR nach außen läuft.
- Erhöhung Komplexitätsdruck: Pässe auf LA kommen abwechselnd von RL (nach Doppelpass) und RR (direkt).

Skizze
(Siehe Abb. 20.1).

20.1 Wurftraining von Ecken- und Linienaußen ...

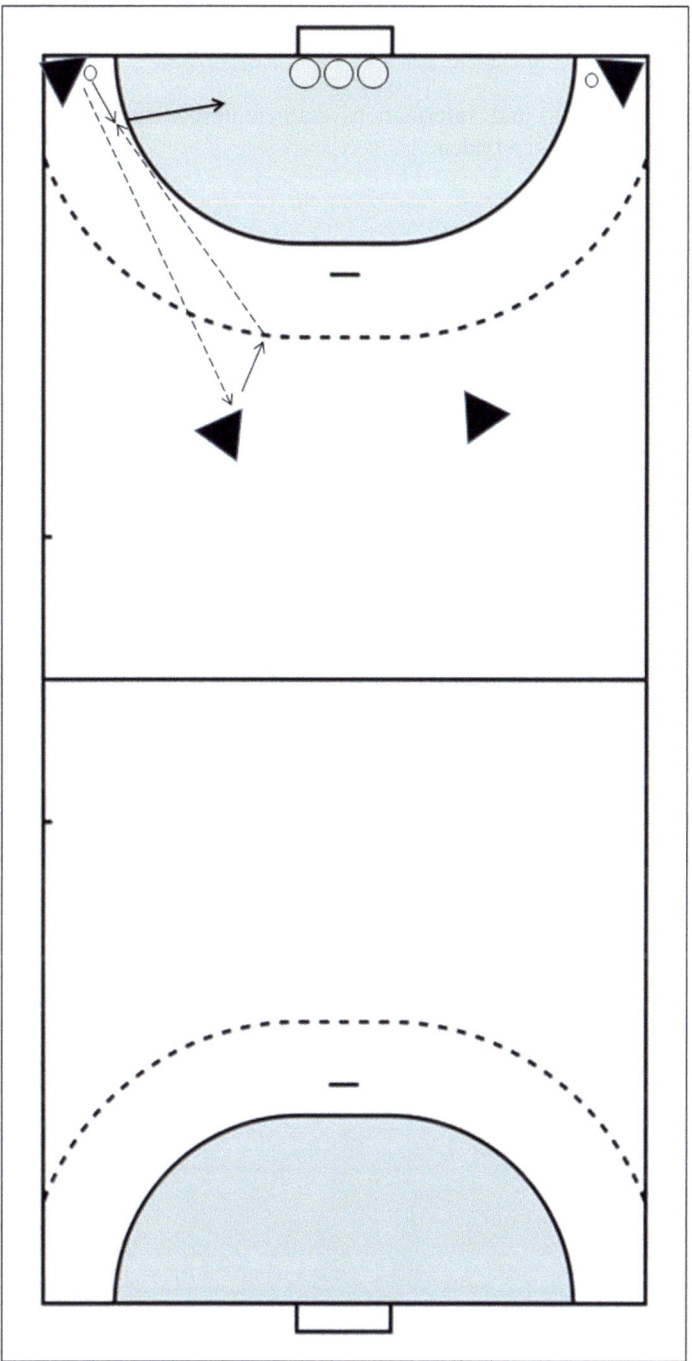

Abb. 20.1 Wurftraining von Ecken- und Linienaußen

20.2 Ungewohnte Abwehrlösungen in Unterzahl finden

Ziel
Unter hohen Druck- und Informationsverarbeitungsbedingungen in Unterzahl kreative Abwehrlösungen finden.

Organisation
Pro Spielfeldseite agieren 5 Angreifer (LA, RL, RM, RR, RA) und zwei Verteidiger (links und rechts – bitte doppelt besetzen). TW 1 steht im Tor und hat neben dem Tor eine Ballkiste zur Verfügung.

Ablauf
TW 1 eröffnet das Spiel, indem er einen der Angreifer anspielt. Die Angreifer müssen den Ball mehrfach von links nach rechts mit dynamischen Stoßbewegungen zirkulieren zu lassen. Die beiden Verteidiger haben folgende Aufgabe: Entweder bei Pass von RM auf RL den LA offensiv bekämpfen oder ihn anspielbar zu lassen und dann bei Ballbesitz offensiv-antizipativ gegen den RL heraustreten. Der rechte Verteidiger agiert entsprechend. Es ist entscheidend, dass die Verteidiger immer wieder versuchen, das Angriffsspiel zu unterbrechen.

Variationen
- Erhöhung des Komplexitätsdrucks: Es agieren 2 Verteidiger auf jeder Seite, die immer wieder mit neuen Strategien die Unterzahl lösen.
- Erhöhung des Zeitdrucks: Die Verteidiger müssen die Angreifer innerhalb eines vorgegebenen Zeitintervalls zu einem Fehler (Fehlpass, Fehlwurf, ...) zwingen.
- Hinzunahme des Variationsdrucks: Hebt TW 1 beide Hände, muss der Ballbesitzer ihn anspielen. Beide Verteidiger starten zum Gegenstoß und schließen diesen mit Überzahlspiel auf der Gegenseite ab.

Skizze
(Siehe Abb. 20.2).

20.2 Ungewohnte Abwehrlösungen in Unterzahl finden

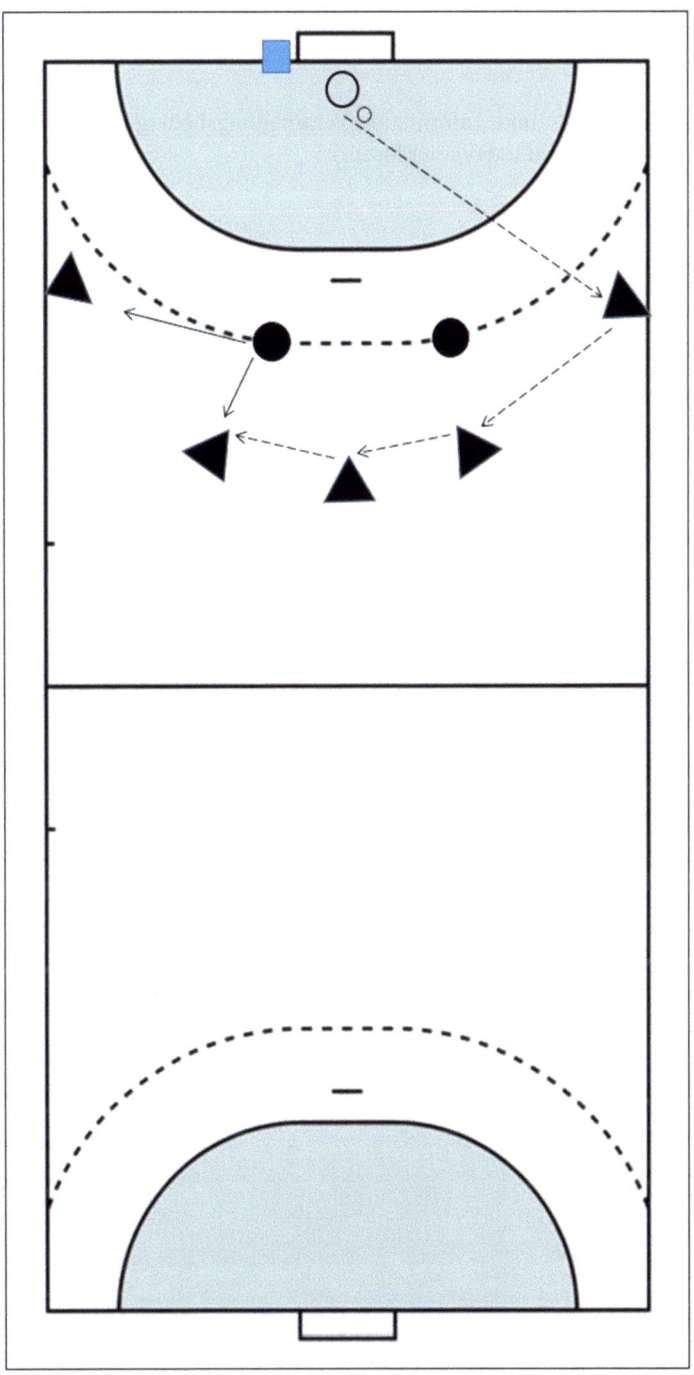

Abb. 20.2 Ungewohnte Abwehrlösungen in Unterzahl finden

20.3 Siebenmeter-Killer

Ziel
Unter hohen Druck- und Informationsverarbeitungsbedingungen Siebenmeter-Situationen variabel und unerwartet lösen.

Organisation
TW 1 steht im Tor, die Feldspieler – jeder mit einem Ball – in einer Reihe an der 7-Meter-Linie.
Links und rechts vom Tor sind zwei Stangentore im rechten Winkel zum Tor aufgebaut. TW 2 und TW 3 (alternativ: Co-Trainer, TW-Trainer) stehen mit Bällen in einem Abstand von 5 bis 6 Meter zu den Stangentoren in Richtung Seitenlinien.

Ablauf
TW 1 muss 5 Sieben-Meter-Würfe in Folge abwehren. Dabei versucht er, durch unterschiedlichste Positionen und Grundstellungen möglichst viele zu parieren. Nach Torerfolg läuft er abwechselnd in eines der beiden Stangentore (TW 1 entscheidet wohin) und absolviert dort drei schnelle Doppelpässe mit den jeweiligen Partnern.

Variationen
- Erhöhung des Komplexitätsdrucks: Auch bei den Zusatzaufgaben werden Sieben-Meter-Würfe simuliert.
- Erhöhung des Zeitdrucks: Nach Sieben-Meter-Tor sprintet TW 1 in eines der beiden Stangentore und wehrt dort einen „unhaltbaren" Ball (kommt sehr schnell) ab.
- Veränderung der Informationsverarbeitung: Anzeige durch TW 2 etc. welches Stangentor zu wählen ist.

Skizze
(Siehe Abb. 20.3).

20.3 Siebenmeter-Killer

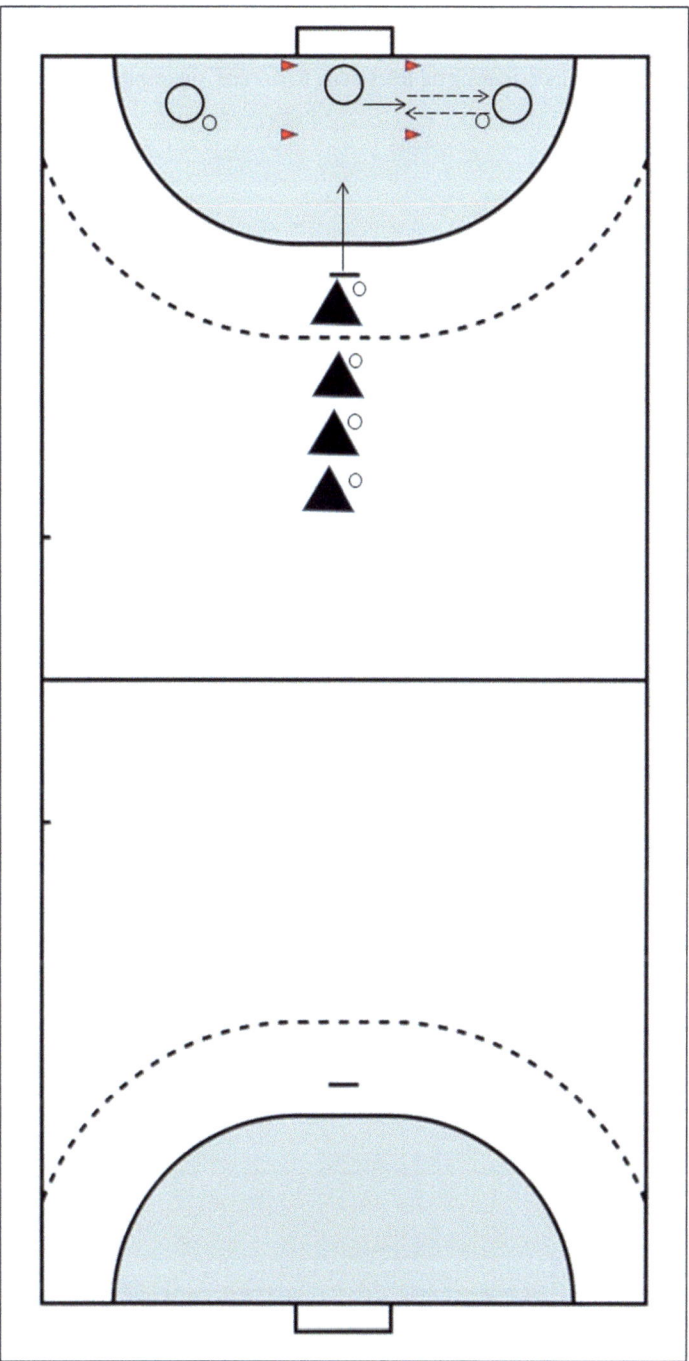

Abb. 20.3 Siebenmeter-Killer

Literatur

Kromer, A. (2015). Positionstraining für Rückraum, Kreis- und Außenspieler. Philippka.

Kreativität & Kraft   21

21.1 Pass- und Wurfvarianten mit Theraband

Ziel
Unter hoher Kraftbelastung Passvarianten erproben und entwickeln.

Organisation
Pro Spielfeldseite werden die Angriffspositionen Rückraum links (RL), Rückraum Mitte (RM), Rückraum rechts (RR) und Kreis (KM) besetzt. Ebenfalls wird pro Seite ein Torhüter benötigt. Als Abwehrspieler werden zunächst zwei Trainings-Dummies auf Hinten (HM) und Vorne Mitte (VM) positioniert. Der RM hat ein Theraband um den Bauch, das von einem Mitspieler gehalten wird. Die Bälle sind bei RM in einem Kleinkasten (Abb. 21.1a).

Ablauf
RM spielt abwechseln zu RL und RR (Abb. 21.1b). Diese spielen einen druckvollen Pass in die Stoßbewegung des RM zurück, die dieser gegen den Widerstand des Therabandes und abwechselnd zur und gegen die Wurfhand ausführt. Der KM führt verschiedene Laufbewegungen aus, sodass der RM ihn durch Passvarianten einsetzen kann.

Variationen
- Steigerung der Kraftbelastung durch Erhöhung der Wiederholungszahl.
- Steigerung des Schwierigkeitsgrades durch aktiven VM, der durch intensive Armarbeit kreative Passvarianten provoziert.
- Größere Spielnähe durch Spiel 2 gegen 2 und Anwendung von Schlagwurf- und Passvarianten.
- Die Übung für RL und RR einsetzen.

21.1 Pass- und Wurfvarianten mit Theraband

Abb. 21.1 a,b Pass- und Wurftraining mit dem Theraband.

21.2 Abwehrsituation 1:2 kreativ lösen und umschalten

Ziel
Nach Unterzahlabwehr unter hoher Kraftbelastung beim Gegenstoß durchsetzen.

Organisation
Pro Spielfeldseite werden die Angriffspositionen Rückraum links bzw. rechts (RL, RR), Links- bzw. Rechtsaußen (LA, RA) und Kreis (KL, KR) besetzt. Ebenfalls wird pro Seite ein Abwehrspieler (HL, HR) sowie ein Torhüter benötigt. Die Außen haben je eine Ballkiste an der Seitenlinie.

Ablauf
Mehrfaches Passspiel zwischen RL und LA. Dann provoziert HL durch überraschendes Abwehrverhalten einen Torwurf von RL oder einen Pass an den Kreis. Nach Abschluss sprintet HL zur Mittellinie, LA folgt ihm. HL erhält vom Zuspieler einen Ball und setzt sich gegen einen „haltenden" LA im 1 gegen 1 durch. Danach beginnt die Übung auf der rechten Seite.

Variationen
- Steigerung der Kraftbelastung durch Arme um die Hüfte legen und gegen die Laufrichtung ziehen.
- Steigerung der Kraftbelastung durch „1 gegen 1"-Ringkampf in begrenztem Feld an der Mittellinie.
- Größere Spielnähe durch Spiel 3 (LA, RL, KM) gegen 2 (AL, HL): AL und HL agieren „unerwartet"; nach Angriffsabschluss werden sie von zwei Angreifern am Umschalten gehindert.

Skizze
(Siehe Abb. 21.2).

21.2 Abwehrsituation 1:2 kreativ lösen und umschalten

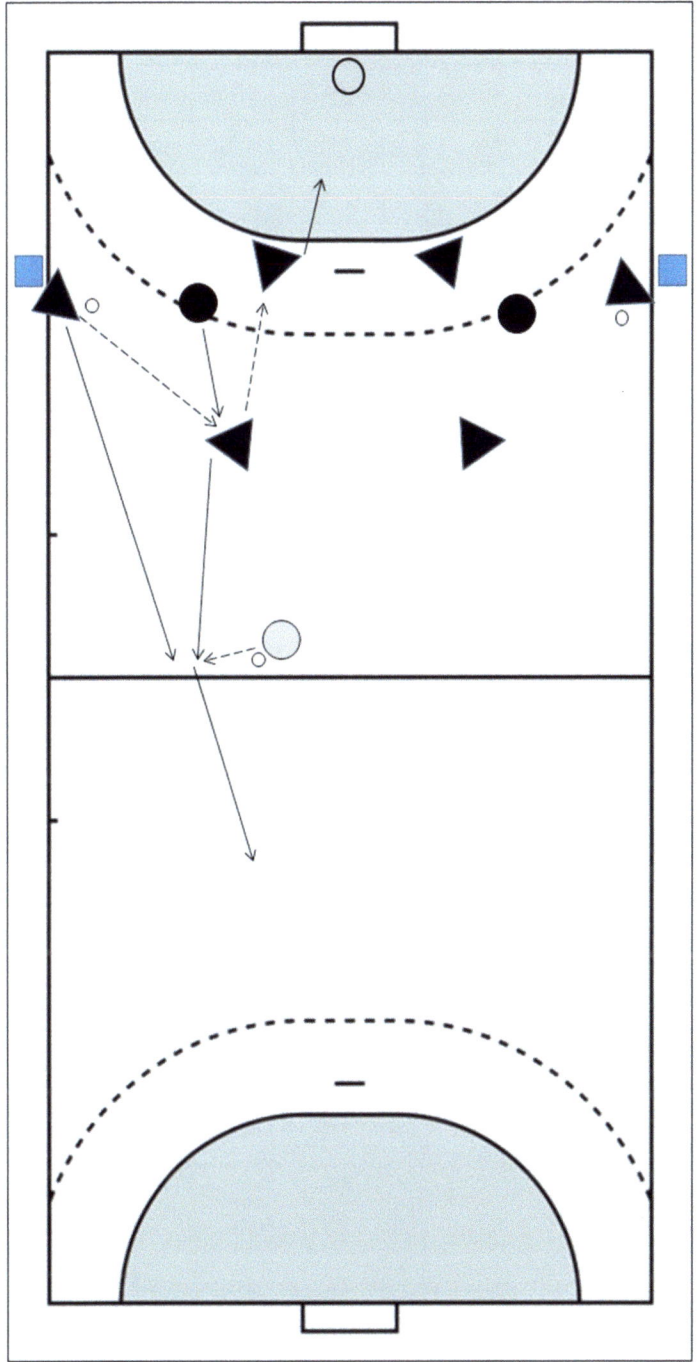

Abb. 21.2 Abwehrsituation 1 gegen 2 kreativ lösen und umschalten

Intelligenz & Schnelligkeit

22

22.1 Entscheidungsübung Torwurf (Uhl, 2025)

Ziel
Laufweg zum Torwurf richtig wählen.

Organisation
Es werden Zweiergruppen gebildet. Einer der beiden Spieler (A) steht etwa einen Meter hinter der Freiwurflinie, Spieler B als Abwehrspieler am Wurfkreis. Nur Spieler A hat einen Ball. Die anderen Zweiergruppen verteilen sich entlang der Freiwurflinie.

Ablauf
Spieler A hält den Ball zwischen den Beinen und greift ständig um (hohe Frequenz – vgl. Abb. 22.1a). Auf ein akustisches Zeichen läuft er explosiv zum Torwurf an, wobei B durch Handzeichen eine Seite versperrt. A muss die freie Seite wählen (Abb. 22.1b).

Variationen
- Vor dem Torwurf wird noch ein Doppelpass mit dem Verteidiger (B) gespielt.
- Vor dem Torwurf noch eine Täuschung in Richtung Handzeichen einbauen.
- Nach erfolgtem Torwurf sprintet A rückwärts, holt einen zweiten Ball und schließt nochmals nach Entscheidung ab.

22.2 Bälle „am Leben erhalten" …

Abb. 22.1 **a,b** Entscheidungsübung beim Torwurf.

22.2 Bälle „am Leben erhalten" (Memmert, 2019)

Ziel
Ballbezogene Entscheidungen treffen und schnellstmöglich lösen.

Organisation
Die Spieler verteilen sich gleichmäßig in einer Spielfeldhälfte, wobei jeder Akteur einen Ball zur Verfügung hat.

Ablauf
Auf ein Startzeichen des Trainers werden alle Bälle mit beiden Händen hochgeprellt. Es ist Aufgabe der Spieler, alle Bälle „am Leben", d. h. in der Luft zu halten. Ein Ball ist tot, wenn er am Boden liegt.

Variationen
- Statt prellen werden die Bälle hochgeworfen.
- Hinzunahme weitere Bälle, um die Schnelligkeitsanforderung zu steigern.
- Verkleinerung des Spielfelds und Verringerung der Bodenkontakte eines Balls.
- Die Übungsform wird als Wettkampf organisiert: 2 Teams spielen gegeneinander (Abb. 22.2).

22.2 Bälle „am Leben erhalten" …

Abb. 22.2 Bälle am Leben erhalten

22.3 Hochgeschwindigkeitshandball (Memmert & König, 2022a, b)

Ziel
Spezifische Gegenstoßsprints mit Richtungswechseln und situationsbezogenen Entscheidungen.

Organisation
Zwei Angreifer stehen an der Mittellinie (mittig) mit Blick zum Tor. Auf der AL und der AR-Position befinden sich ebenfalls jeweils mindestens 2 Spieler, wobei die AR-Spieler Bälle haben. Zusätzlich stehen 2 Verteidiger an der Freiwurflinie oder wenig davor.

Ablauf
AR 1 passt diagonal zu AL 1 und sprintet zur Mittellinie. AL 1 passt zu RM und sprintet ebenfalls weiter. Beide Spieler stoppen an der Mittellinie ab und drehen sich um 180 Grad. Anschließend wird wiederum in hoher Geschwindigkeit 3 gegen 2 aufs Tor gespielt.

Variationen
- Die Abwehrspieler agieren hintereinander.
- Die Abwehr agiert in Gleichzahl, indem ein dritter Abwehrspieler mit dem Auftaktpass von RM ebenfalls von der Mittellinie losläuft.
- Bei Nichterfolg sprinten die Angreifer zurück und holen sich an der Mittellinie einen zweiten Ball.

Skizze
(Siehe Abb. 22.3).

22.3 Hochgeschwindigkeitshandball ...

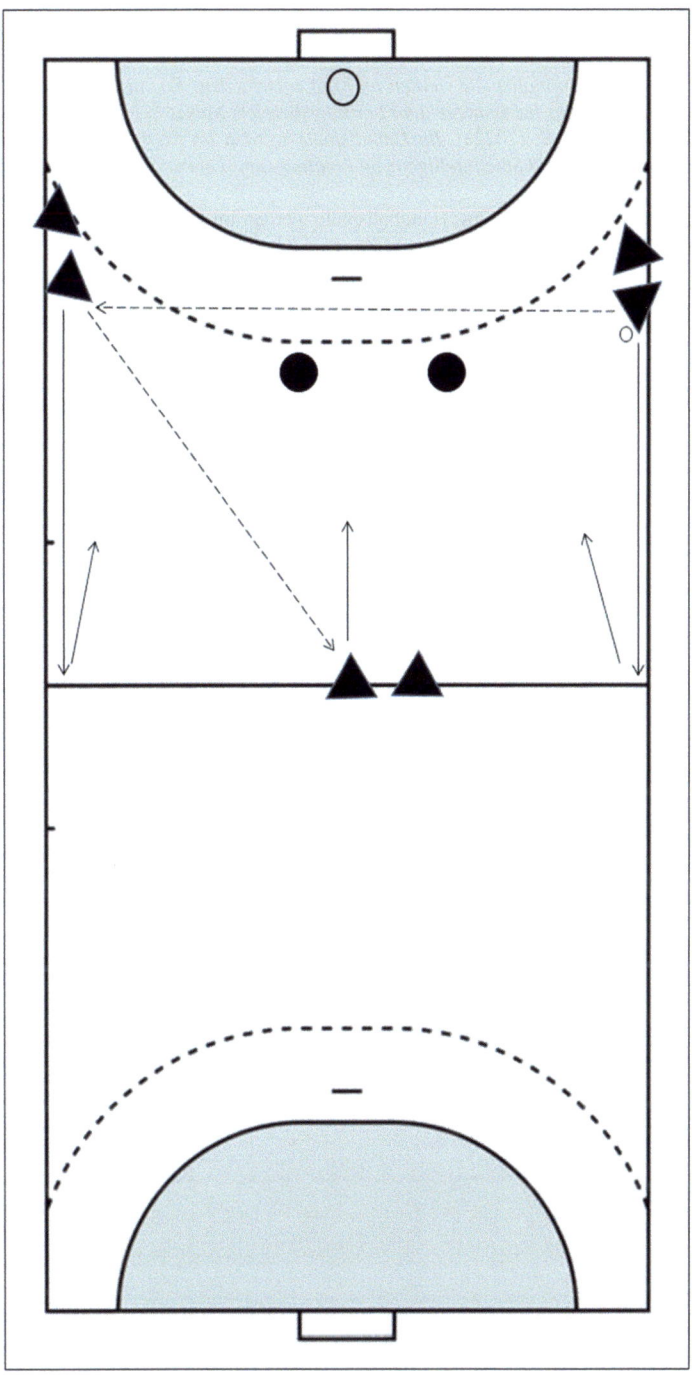

Abb. 22.3 Hochgeschwindigkeitshandball

Literatur

Memmert, D. (2019). *Fußballspiele werden im Kopf entschieden: Kognitives Training, Kreativität und Spielintelligenz im Amateur- und Leistungsbereich.* Meyer & Meyer.

Memmert, D. & König, S. (2022a). *Basketballspiele werden im Kopf entschieden: Kognitives Training, Kreativität und Spielintelligenz im Amateur- und Leistungsbereich.* Meyer & Meyer. Link

Memmert, D., & König, S. (2022b). Handballspiele werden im Kopf entschieden: Teil 1. *Sportpraxis-Die Fachzeitschrift für Schule und Verein, 63*(1), 16-20.

Uhl, E. (2025). *Wirkungen eines bilateralen Trainings auf die Sportspielfähigkeit im Kinderhandball.* Logos.

Intelligenz & Ausdauer 23

23.1 Sektorenspiel in Überzahl

Ziel
Positionsspezifische Entscheidungen unter Ausdauerbelastung treffen.

Organisation
Zwei Dreierteams spielen auf ein Tor gegeneinander. Der Angriff (Team A) besetzt Rückraum links, Mitte und rechts; entsprechend agieren die Abwehrspieler (Team B) auf Halblinks (HL), vorne Mitte (VM) und Halbrechts (HR). An der Mittellinie (Anwurfzone) steht ein Kleinkasten mit Ersatzbällen.

Ablauf
Team A eröffnet das Spiel durch Passen-Stoßen und versucht, Überzahlsituationen herauszuspielen. Ziel ist, intelligente Entscheidungen (= „best" Lösungen) zu treffen und erfolgreich abzuschließen. Nach einem Torwurf sprinten alle Teammitglieder zur Mittellinie und eröffnen das Spiel mit einem neuen Ball.

Variationen
- Nach wenigen Pässen löst der RM nach einem Pass zum Kreis auf (neue Aufstellung: 2–1). Aufgabenstellung wie oben.
- Statt Auflösehandlung zum Kreis andere gruppentaktische Aktionen einbauen, z. B. kreuzen, kreuzen ohne Ball, diagonal kreuzen. Vor dem Torwurf noch eine Täuschung einbauen.
- Erhöhung der Spielerzahl auf 4 gegen 4.

Skizze
(Siehe Abb. 23.1).

23.1 Sektorenspiel in Überzahl

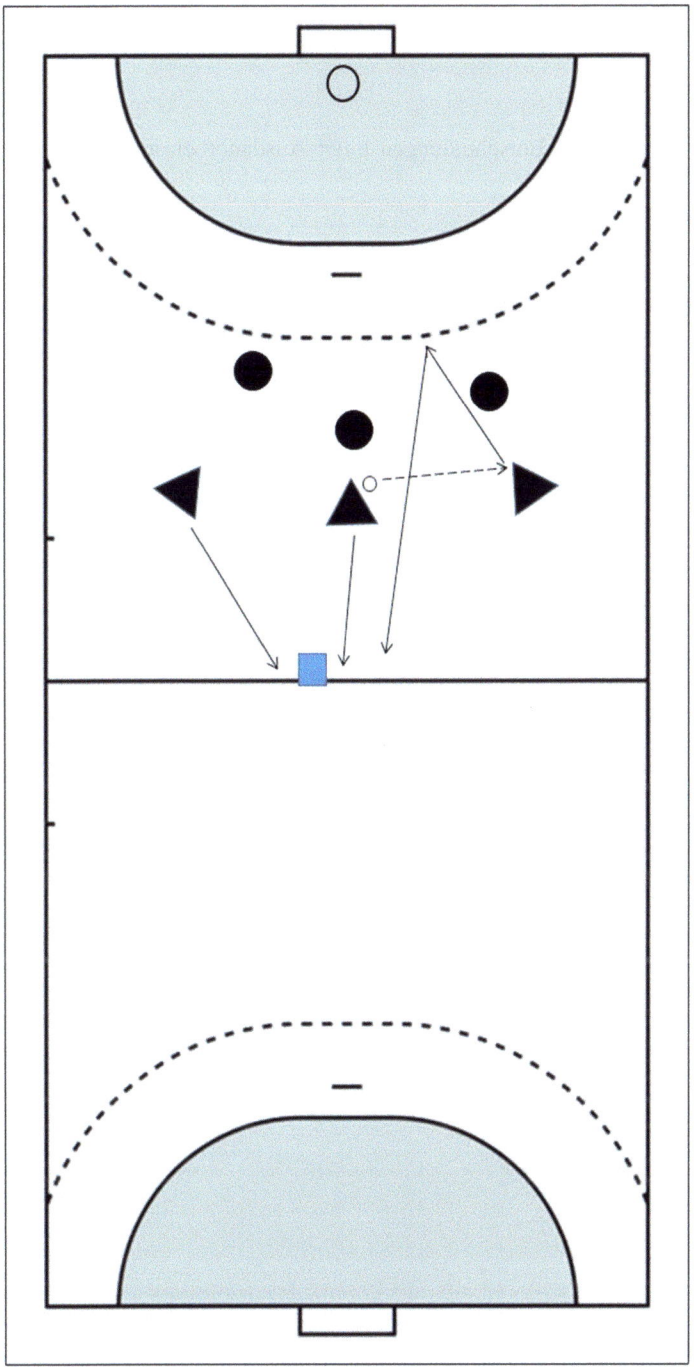

Abb. 23.1 Sektorenspiel

23.2 Transition Game in Überzahl (Memmert & König, 2023)

Ziel
Gegenstoßspezifische Entscheidungen unter Ausdauerbelastung in Überzahl treffen.

Organisation
Drei Zweierteams spielen im Wechsel auf beide Tore transition offense in Gleichzahl. Die überzähligen Abwehrspieler befinden sich jeweils auf Höhe der Freiwurflinie außerhalb des Spielfelds. Neben ihnen werden Kleinkästen mit Ersatzbällen positioniert. Jeweils ein Torhüter agiert im Tor.

Ablauf
Team A eröffnet das Spiel von der Mittellinie und spielt 2 gegen 1 gegen einen Spieler von Team B. Nach Abschluss bringt entweder der TW oder B2 den Ball ins Spiel. Team B spielt dann 2 gegen 1 auf das andere Tor gegen C. Nach diesem Angriff wird das Spiel entsprechend fortgesetzt. Es ist eine angemessen lange Belastungszeit zu wählen, Ziel ist die Verbesserung einer spielspezifischen Ausdauer.

Variationen
- Das Überzahlspiel muss ohne Prellen gelöst werden.
- Bei Nicht-Erfolg sprintet das angreifende Team zur Mittellinie zurück und erhält einen 2. Ball.
- Erweiterung der Spielform zum Transition 3 gegen 3 oder 4 gegen 4.

Skizze
(Siehe Abb. 23.2).

23.2 Transition Game in Überzahl …

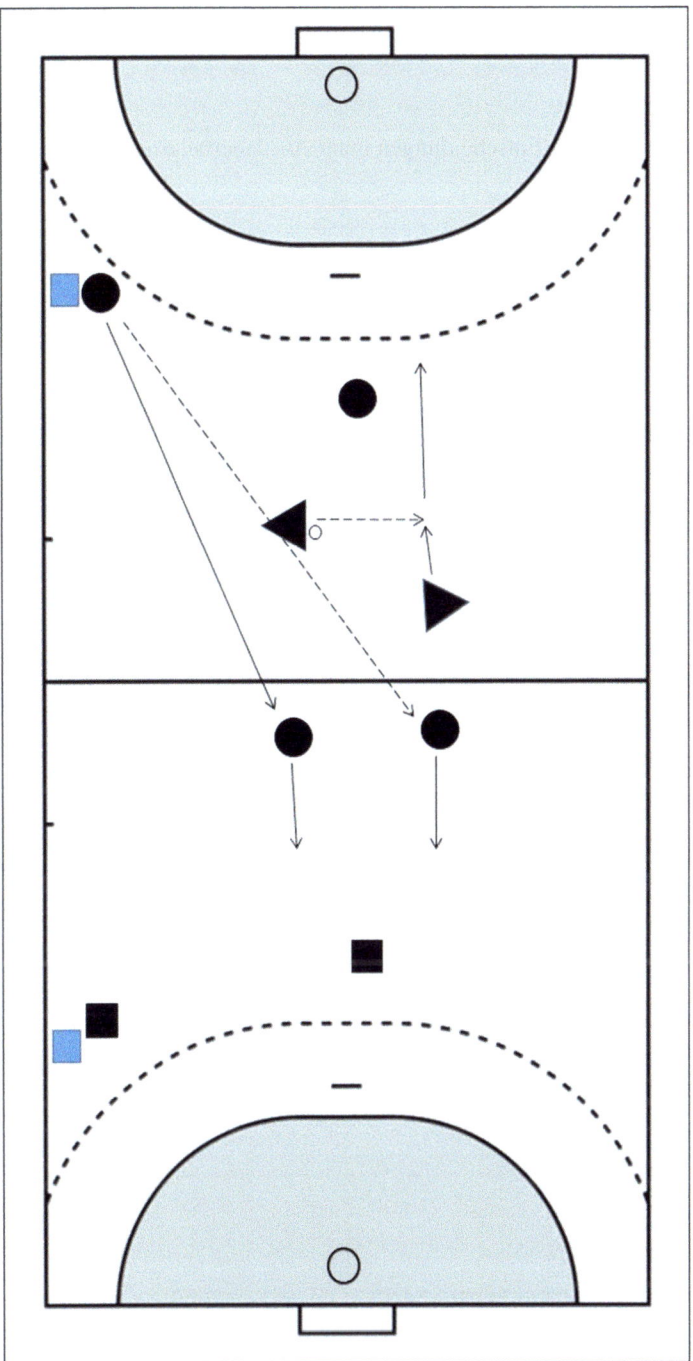

Abb. 23.2 Transition Game in Überzahl

23.3 Transition Game in Gleichzahl (Memmert & König, 2023)

Ziel
Gegenstoßspezifische Entscheidungen unter Ausdauerbelastung in Gleichzahl treffen.

Organisation
Drei Zweierteams spielen im Wechsel auf beide Tore transition offense in Gleichzahl. Jeweils ein Torhüter agiert im Tor und hat seitlich vom Tor ausreichend Reservebälle zur Verfügung.

Ablauf
Team A eröffnet das Spiel von der Mittellinie und spielt 2 gegen 2 gegen Team B. Nach Abschluss bringt der TW den Ball ins Spiel, entweder als Gegenstoßpass oder zur schnellen Mitte. Team B spielt dann 2 gegen 2 auf das andere Tor gegen C. Nach diesem Angriff wird das Spiel entsprechend fortgesetzt. Es ist eine angemessen lange Belastungszeit zu wählen, Ziel ist die Verbesserung einer spielspezifischen Ausdauer.

Variationen
- Der Gegenstoß muss mit einer begrenzten Anzahl an Pässen gelöst werden.
- Bei Nicht-Erfolg sprintet das angreifende Team zur Mittellinie zurück und erhält einen 2. Ball.
- Erweiterung der Spielform zum Transition 3 gegen 3 oder 4 gegen 4.
- Einbau von gruppentaktischen Elementen wie Kreuzen.

Skizze
(Siehe Abb. 23.3).

23.3 Transition Game in Gleichzahl … 171

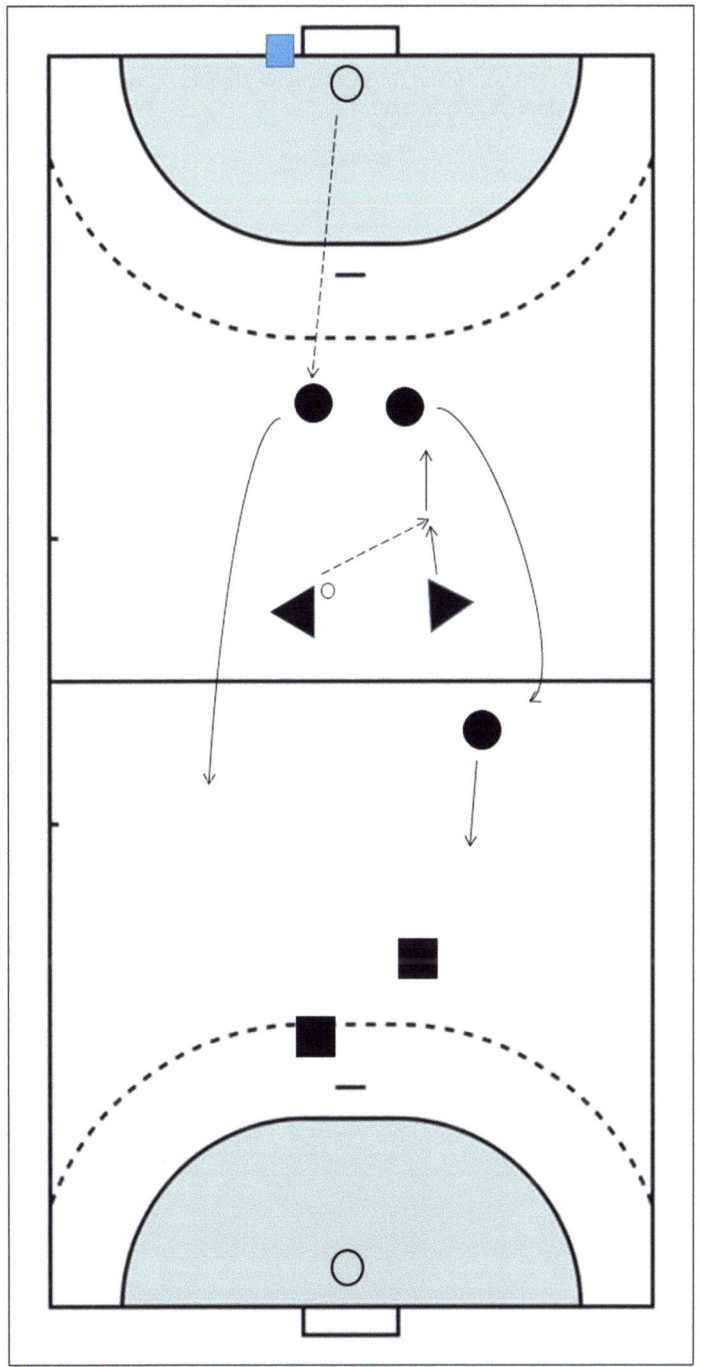

Abb. 23.3 Transition Game in Gleichzahl

Literatur

Memmert, D. & König, S. (2023). *Mental Game. Cognitive Training, Creativity, and Game Intelligence in Handball.* Meyer & Meyer Sport.

Intelligenz & Koordination 24

24.1 Wurfübungen von verschiedenen Positionen

Ziel
Torwurf mit Richtungsentscheidung.

Organisation
An Tor 1 werfen Rückraum links und rechts, je nach Doppelpass mit einem Außenspieler. An Tor 2 üben die beiden Außen, je nach Pass mit dem zugeordneten Rückraumspieler.

Ablauf
Auf Tor 1 werfen RL und RR im Wechsel und jeweils nach Doppelpass mit ihrem Außenspieler aufs Tor. Während der Ausholphase zeigt der Torhüter in eine Ecke, der Wurf erfolgt diagonal. Parallel werfen auf Tor 2 die Außen im Wechsel nach Doppelpass mit dem jeweiligen Rückraumspieler. Der Torhüter bietet verschiedene Lücken an oder führt Täuschungsbewegungen aus.

Variationen
- Ein Torwurf erfolgt nach einem Doppelpass mit dem RM.
- Mehrere Wiederholungen pro Spieler (Erhöhung Belastungsdruck).
- Mehrere Wiederholungen pro Spieler, aber mit verschiedenen Zuspielern (Erhöhung Variabilitätsdruck).
- Wie oben, aber Variation der Anlaufrichtung (Erhöhung Variabilitätsdruck).
- Wechsel des Torhüters nach jedem Wurf (Erhöhung Situationsdruck).

Skizze
(Siehe Abb. 24.1)

24.1 Wurfübungen von verschiedenen Positionen

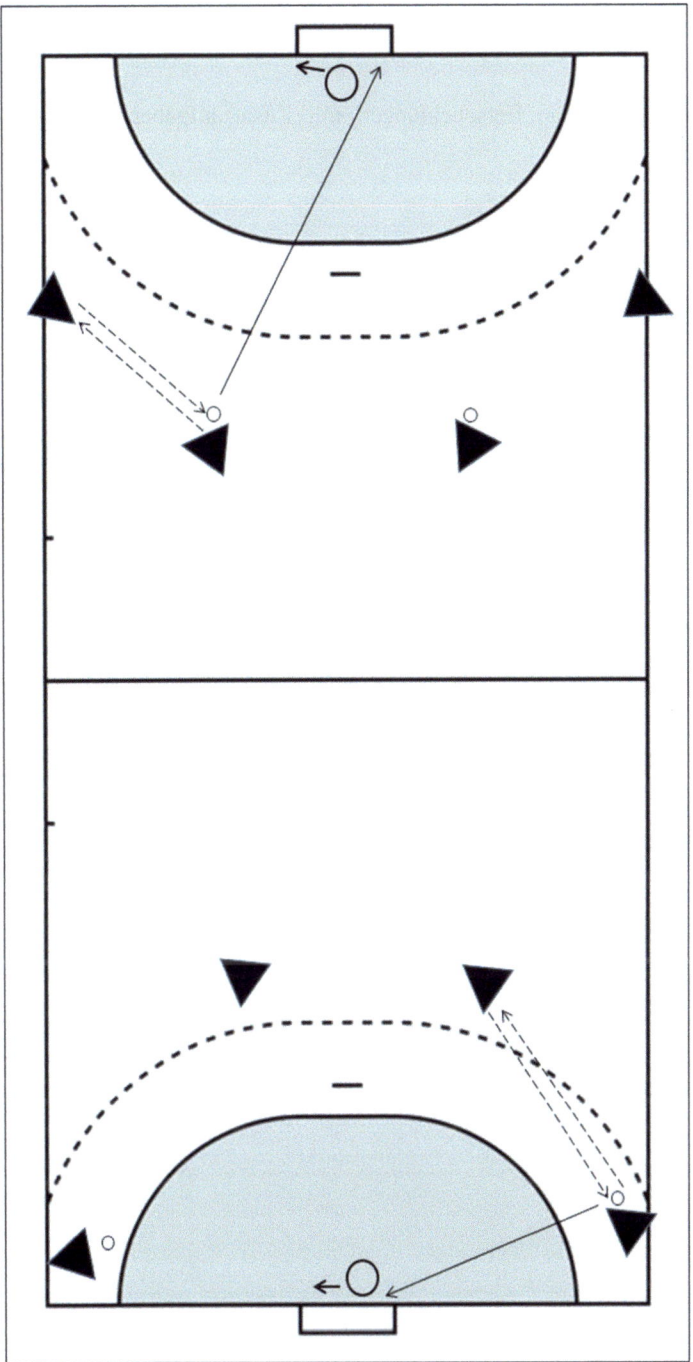

Abb. 24.1 Wurfübungen von verschiedenen Positionen

24.2 Abwehrspezifische Entscheidungen „Plus"

Ziel
Situationsangemessene Entscheidungen mit Zusatzaufgaben als Abwehrspieler treffen.

Organisation
Alle Spieler bilden Zweiergruppen, wobei ein Spieler die Angreifer- (A), der andere die Verteidigerrolle (B) übernimmt. Jede Gruppe hat einen Ball. Die Gruppen verteilen sich in einer Hallenhälfte und brauchen genügend Platz.

Ablauf
A prellt seitlich hin und her, B folgt ihm mit abwehrspezifischen Steppbewegungen (Abb. 24.2a). Aus dem Prellen täuscht A Wurfbewegungen in verschiedene Richtungen an, B tritt ihm explosiv entgegen und dann wieder zwei Schritte zurück (Abb. 24.2b). Wichtig ist die Genauigkeit der Aktion (Kontaktstelle Ellbeuge) und der richtige Moment (Ausholphase). Nach einigen Wiederholungen erfolgt ein Wechsel der Aufgaben.

Variationen
- Statt prellen spielen A und B permanent Doppelpässe (Druckpässe).
- Erhöhung des Situationsdrucks: Zusätzlich realisiert A beidbeinige Sprungwürfe; B springt zum Ballblock.
- Erhöhung des Zeitdrucks: A versucht, an B vorbei zuprellen, B hat die Aufgabe, den Ball herauszuspielen.
- Erhöhung des Komplexitätsdrucks: B startet nach Abwehraktion sofort zum Gegenstoß (Kurzsprint über wenige Meter).

24.2 Abwehrspezifische Entscheidungen „Plus"

Abb. 24.2 a,b Abwehrspezifische Entscheidungen mit Zusatzaufgaben

Intelligenz & Kraft

25.1 Pass- und Wurfübung mit dem Theraband

Ziel
Intelligente Pass- und Wurfentscheidungen unter erhöhten Kraftbelastungen treffen.

Organisation
Vor jedem Tor werden die Positionen Linksaußen (LA), Rückraum links (RL), Kreis links (KL) und Kreis rechts (KR) besetzt. Dieselbe Aufstellung wird auch auf der rechten Spielfeldseite realisiert (RA, RR, KR, KL). Mehrere Bälle sind bei RL bzw. RR (Kleinkasten). RL und RR haben je ein Theraband um den Bauch, das von jeweils einem weiteren Spieler gehalten wird.

Ablauf
RL spielt zu LA und startet in den Rückpass gegen den Widerstand des Bandes hinein. Nach der Ballannahme bietet sich einer der beiden Kreisläufer an, und RL spielt entsprechend ab (Abb. 25.1). Anschließend agiert RR auf dieselbe Art und Weise. Es sollten mindestens 10 bis 12 Wiederholungen realisiert werden, um Kraftausdauerreize zu setzen.

Variationen
- Nach dem Pass zum Außenspieler führt RL bzw. RR noch einen Strecksprung aus.
- Hinzunahme des Torwurfs: Bietet sich kein Kreisläufer an, wirft der RL bzw. der RR mit Schlagwurf aufs Tor.
- Hinzunahme von Abwehrspielern: Es wird 3 gegen 2 gespielt. Logischerweise ist immer eine Lösung offen; diese soll der RL bzw. der RR wählen.
- Erhöhung der Kraftanforderung: Mehrere Wiederholungen nacheinander.

25.1 Pass- und Wurfübung mit dem Theraband

Abb. 25.1 Pass- und Wurfübungen mit dem Theraband

25.2 Abwehrübungen mit dem Theraband

Ziel
Abwehrspezifische Entscheidungen unter zusätzlichen Kraftanforderungen treffen.

Organisation
Je ein Abwehrspieler befindet sich auf den Positionen HL und HR, mit Theraband um den Bauch; dieses wird von einem zweiten Spieler gehalten. Ebenfalls werden die Angreiferpositionen RL und RR zweifach besetzt, wobei die beiden Spieler nebeneinanderstehen. Jeder Angreifer hat einen Ball.

Ablauf
Die Übung beginnt auf der linken Angriffsseite: Beide Spieler prellen auf der Stelle; nach Absprache täuscht einer von beiden einen Wurf an, wobei der linke nach Außen und der rechte nach innen stößt (rechte Seite umgekehrt). Der Abwehrspieler tritt gegen den Widerstand des Therabandes offensiv heraus und bekämpft den Angreifer. Wiederholungszahl auf 6 bis 8 begrenzen, dann Wechsel (Abb. 25.2).

Variationen
- Die Angreifer erweitern ihr Repertoire um Sprungwürfe. Die Abwehrspieler blocken.
- Angreifer kann Stoßbewegung abbrechen, der Verteidiger steppt sofort rückwärts und wieder zum anderen Angreifer nach vorne.
- Zwischen den beiden Verteidigern wird ein Kreisläufer positioniert. Der jeweils nicht aktive Abwehrspieler sichert gegen den Widerstand des Therabandes.

25.2 Abwehrübungen mit dem Theraband

Abb 25.2 Abwehrübungen mit dem Theraband

25.3 Zusammenarbeit Torwart – Abwehr

Ziel
Torwartspezifische Entscheidungen unter zusätzlichen Kraftanforderungen treffen.

Organisation
Im Angriff werden die Spielpositionen RL und RR mit mindestens je 2 Spielern besetzt, von denen jeder einen Ball hat. Diesen stehen in der Abwehr HR und HL gegenüber. Torhüter Nr. 1 steht im Tor, TW 2 hält sich neben dem Tor für einen Wechsel bereit. Den Angreifern stehen ausreichend Ersatzbälle zur Verfügung (Ballkiste nahe Mittellinie)

Ablauf
RL 1 prellt seinen Ball mit beiden Händen auf (leicht schräg nach vorne), was gleichzeitig ein Signal für den TW und den zugeordneten Abwehrspieler ist. Während der TW einen Strecksprung ausführt, nimmt der Verteidiger eine bestimmte Grundposition ein, indem er entweder einen Schritt zur oder gegen die Wurfhandseite des Angreifers geht und dort einen Block simuliert. Gleichzeitig nimmt der Angreifer seinen geprellten wieder auf und wirft aufs Tor. Der TW muss in der Endphase seines Sprungs den Verteidiger beobachten und eine Entscheidung für seine Aktion treffen.

Variationen
- Auftakthandlung des Werfers variieren: Ball hochwerfen, zum Gegenhalb passen, einen Außenspieler pro Seite hinzunehmen.
- Handlungen der Verteidiger variieren: Statt Schritt zur Seite, mit den Armen eine Wurfrichtung oder –höhe anzeigen, zwischen defensivem und offensiven Verhalten abwechseln, einen dritten Abwehrspieler hinzunehmen, um die Sicht für den TW zu erschweren.
- Zusatzübung für Torhüter variieren: Burpies, Liegestütz als Ausgangspunkt, Squat-Jumps, …

Skizze
(Siehe Abb. 25.3)

25.3 Zusammenarbeit Torwart – Abwehr

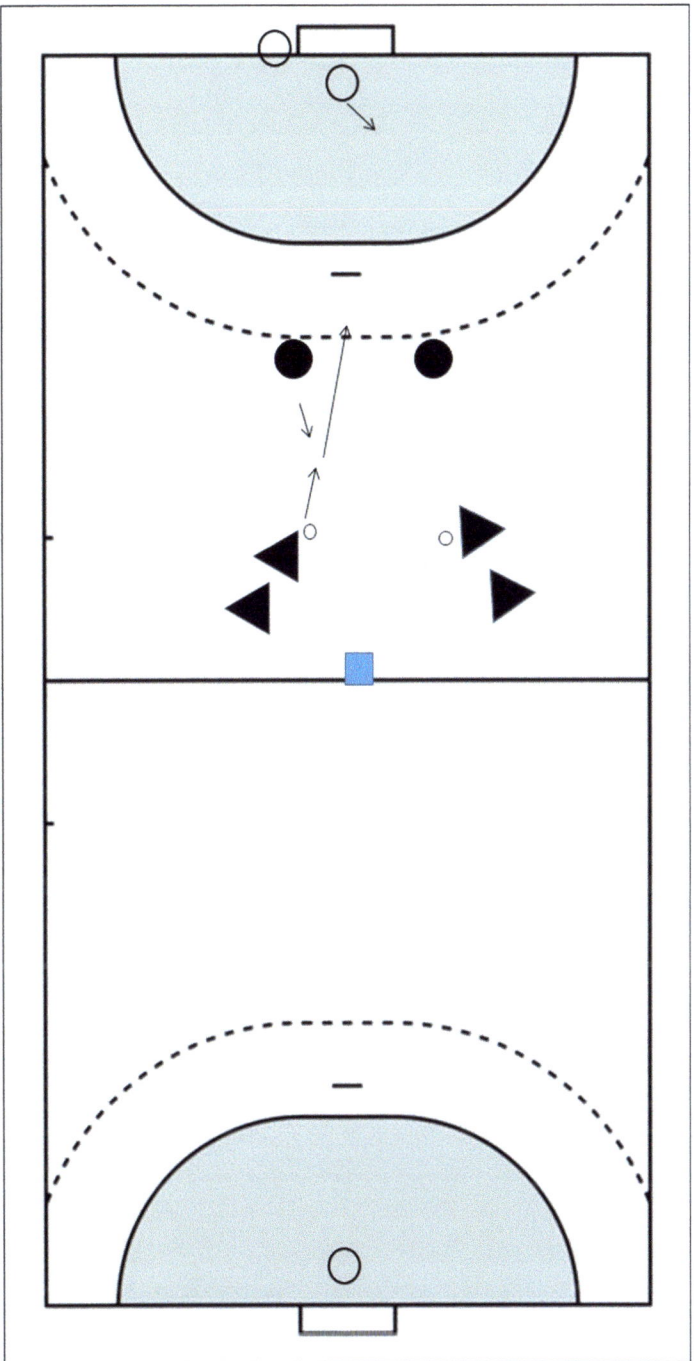

Abb. 25.3 Zusammenarbeit Torwart und Abwehr

Arbeitsgedächtnis & Schnelligkeit 26

26.1 Schnick – Schnack – Schnuck

Ziel
Kognitive Symbole und Regeln mit Elementen von Agility verknüpfen.

Organisation
Es werden Zweiergruppen (A, B) gebildet. A und B stehen – jeder mit Ball prellend – sich mit einem Meter Abstand gegenüber, z. B. links und rechts der Mittellinie (Abb. 26.1a). In beiden Toren befindet sich je ein Torhüter.

Ablauf
A und B spielen „Schere – Stein – Papier". Der Gewinner dreht sich um 180 Grad und läuft zum Torwurf. Der Verlierer folgt ihm und versucht, ihn vor dem Torwurf an der Schulter anzutippen (Abb. 26.1b). Sobald die erste Gruppe gestartet ist, beginnt Gruppe 2 usw.

Variationen
- Das Symbolspiel wird in anderen statischen Situationen gespielt, z. B. im Sitzen, im Liegestütz etc.
- Das Symbolspiel wird in dynamischen Situationen gespielt, z. B. Skippings, Sprünge etc.
- Variante für jüngere Spieler: Die Teams müssen kleine, vom Trainer vorgegebene Rechenaufgaben lösen. Ist das Ergebnis eine gerade Zahl, läuft A zum Torwurf, bei ungeraden Zahlen B (Memmert & König, 2021, S. 152).
- Variante „Übersetzungs-Handball": Wer ein vom Trainer genanntes deutsches Wort als erster auf Englisch weiß, darf starten.

26.1 Schnick – Schnack – Schnuck

Abb. 26.1 **a,b** Agieren auf kognitive Symbole

26.2 Umschaltspiel 2 gegen 2 (Leukefeld & Schubert, 1997)

Ziel
Spielspezifische Aufgabenwechsel in hoher Geschwindigkeit (agility) umsetzen.

Organisation
Es werden mehrere Zweiergruppen gebildet. Gruppe A hat die Aufgabe, 2 gegen 2 gegen Team B in einem begrenzten Sektor zu spielen. In beiden Toren steht ein Torhüter, die beide Reservebälle (neben dem Tor) zur Verfügung haben. Aus dieser relativ einfachen Grundkonstellation heraus müssen alle vier Spieler verschiedene Aufgabenwechsel mit schnellen Richtungswechseln vollziehen.

Ablauf
Team A spielt 2 gegen 2 und versucht, mit Torwurf gegen Team B abzuschließen. Nach Abschluss startet Team B sofort zum „Gegenstoß" (Umschaltspiel) und legt den Ball hinter der Mittellinie ab, Team A verteidigt. Danach spielt Team B gegen A einen erneuten Positionsangriff. Nachdem dieser abgeschlossen ist, startet Team A zum Gegenstoß und versucht, diesen auf Tor 2 abzuschließen. Anschließend beginnen Team C und D die Übung, A und B haben Pause (Wiederholungsmethode).

Variationen
- Bei Fehlwurf in Phase 4 wird an der Mittellinie ein zweiter Ball geholt (zusätzlicher Zuspieler oder 3. Torwart) und ein neuer Versuch gestartet.
- Die Übungsform wird zum Spiel 3 gegen 3 erweitert.
- Die Abläufe werden auf eine Spielfeldlängshälfte begrenzt.

Skizze
(Siehe Abb. 26.2)

26.2 Umschaltspiel 2 gegen 2 …

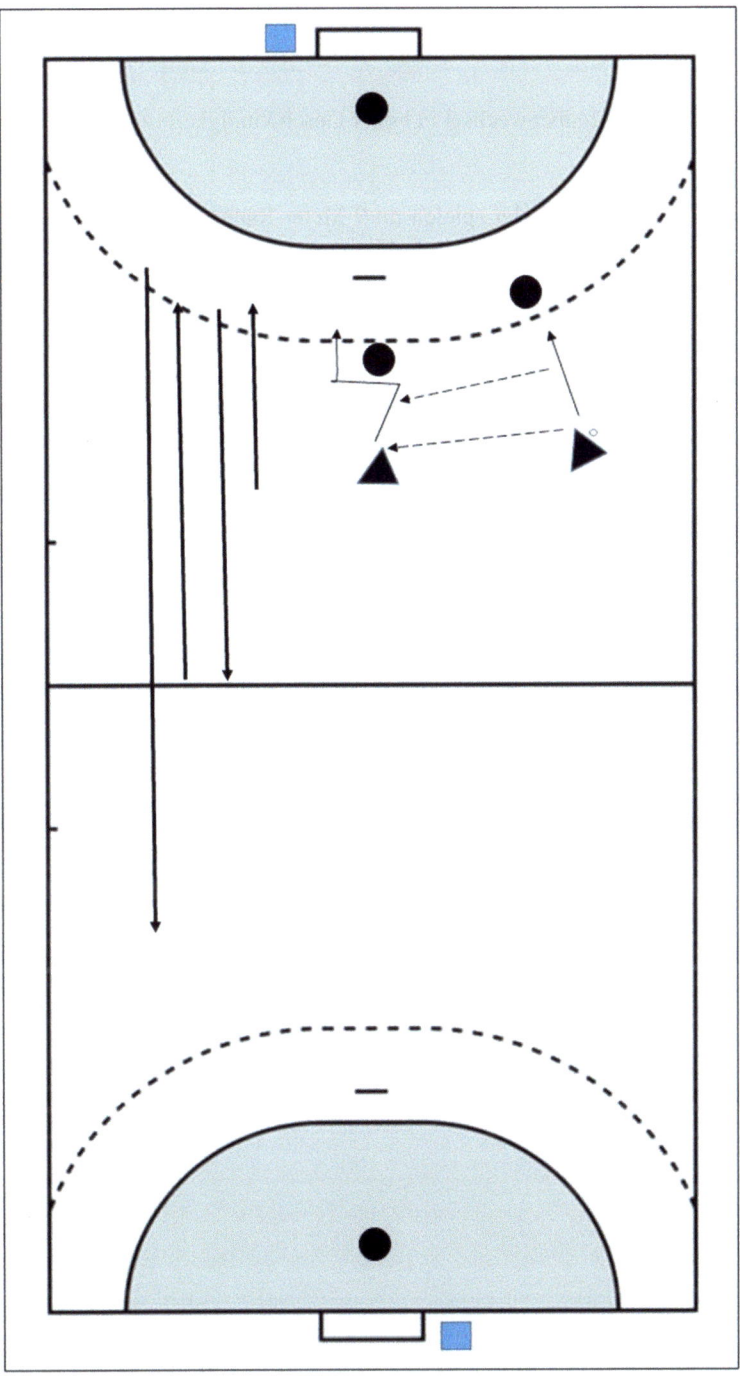

Abb. 26.2 Umschaltspiel

26.3 10er Passspiel (Memmert & König, 2021)

Ziel
Spielspezifische Aufgabenwechsel in hoher Geschwindigkeit (agility) umsetzen.

Organisation
Zwei Teams á 4 bis 5 Spieler spielen im 9-Meter-Raum gegeneinander Parteiball. Die beiden Teams sollten unbedingt farblich markiert werden.

Ablauf
Anspiel erfolgt durch Auslosung. Das anspielende Team versucht, untereinander 10 Pässe zu spielen (bei Anfängern laut mitzählen). Der Spieler, der den 10. Pass erhält, läuft sofort zum Gegenstoß (prellen), der nächste Abwehrspieler folgt ihm bis zur Mittellinie. Abschluss durch Torwurf; steht nur eine Hallenhälfte zur Verfügung, erfolgt der Abschluss durch Ballablegen an der Mittellinie.

Variationen
- Gegenstoß wird in Überzahl gespielt, d. h., der Spieler, der den 10. Pass spielt, läuft mit.
- Gleichzahlsituation schaffen, indem 2 Verteidiger zurücklaufen.

Angreifergruppe sukzessive vergrößern. Merkaufgaben geben, z. B. Zuruf von Namen oder ähnliches.

Skizze
(Siehe Abb. 26.3)

26.3 10er Passspiel …

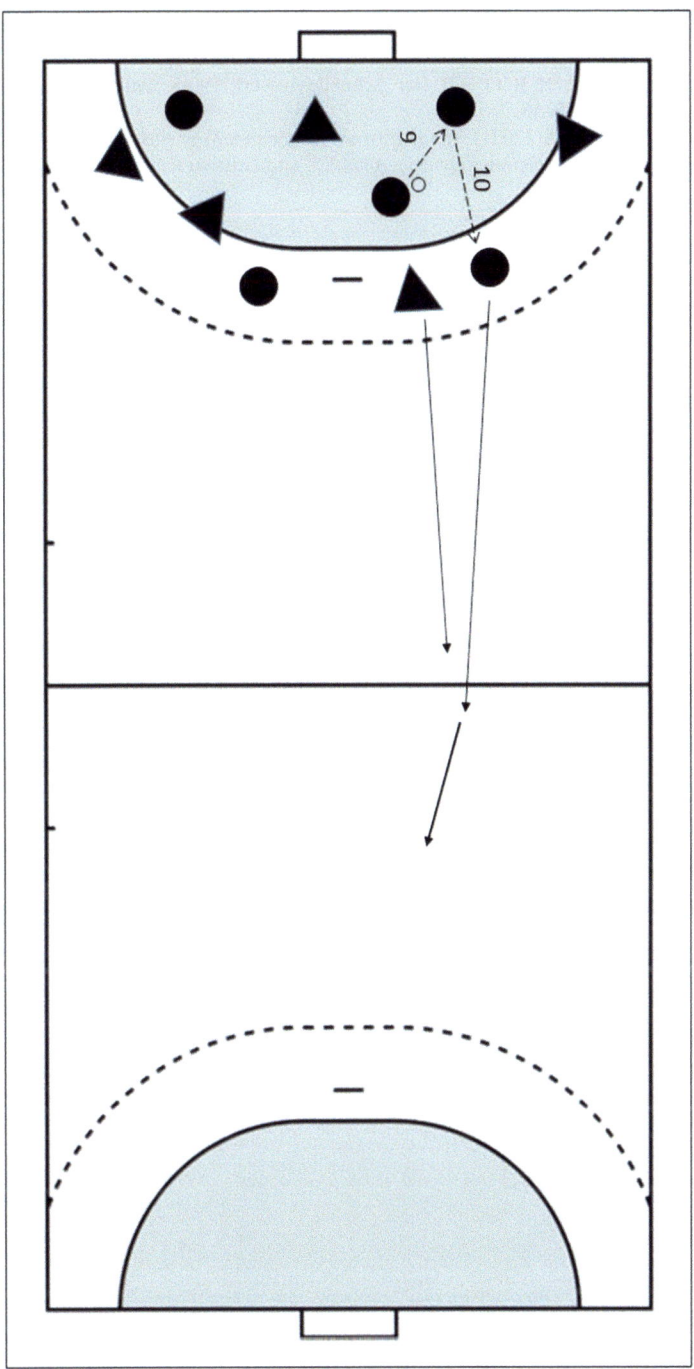

Abb. 26.3 10er Passspiel

Literatur

Leukefeld, D., & Schubert, R. (1997). Der „schnelle Anwurf" ist gar nicht so schnell. *Handballtraining, 19* (7+8), 53–58.

Memmert, D., & König, S. (2021). *Handballspiele werden im Kopf entschieden: Kognitives Training, Kreativität und Spielintelligenz im Amateur- und Leistungsbereich.* Meyer & Meyer.

Arbeitsgedächtnis & Ausdauer

27.1 3:2:1-Abwehr gegen Angreiferüberzahl (Petersen, 2005)

Ziel
Einhalten von Regelbewegungen in Unterzahl unter Ausdauerbelastung

Organisation
Pro Torkreis agieren die Verteidiger Halblinks (HL), Hinten Mitte (HM und Halbrechts (HR) gegen 5 Angreifer (RL, RM, RR und zwei passive Kreisläufer). Diese Form kann bei größeren Gruppen parallel an beiden Toren praktiziert werden.

Ablauf
Druckvolles, aber zunächst „stereotypes" Passspiel der Angreifer, wobei die Kreisspieler zunächst nur von RM angespielt werden dürfen. Die drei Verteidiger setzen die Regelbewegungen einer 3:2:1 Abwehr konsequent um, d. h., HM verteidigt den ballnahen Kreisspieler, der jeweilige Verbinder (HL/HR) auf der Gegenseite den ballfernen. Gegen die ballbesitzenden Rückraumspieler wird offensiv verteidigt (bis 9 m Linie). Intervallprinzip anwenden.

Variationen
- Einbau von Rückpässen und Pässen über 2 Stationen.
- Öffnen der Regel „Pass zum Kreis", d. h., RL und RR dürfen jetzt den Diagonalkreisläufer anspielen.
- Kreisläufer dürfen sich in begrenztem Raum bewegen.

Skizze
(Siehe Abb. 27.1)

27.1 3:2:1-Abwehr gegen Angreiferüberzahl ...

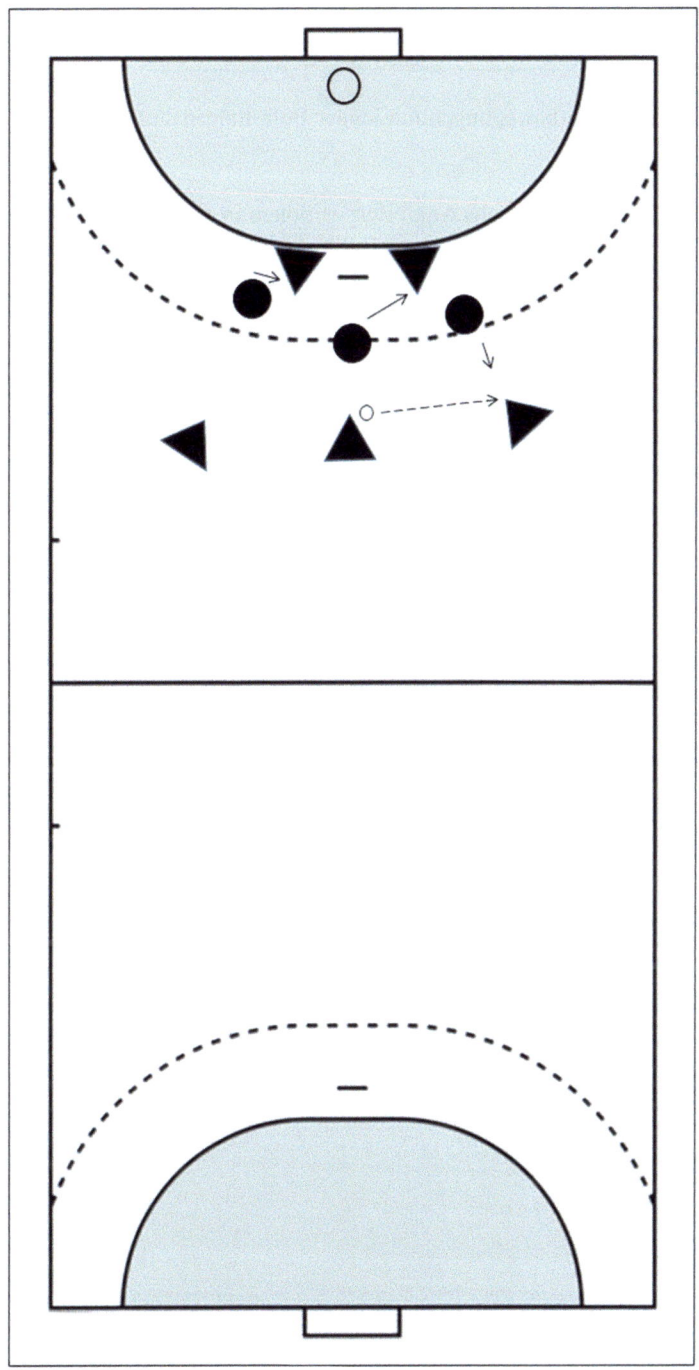

Abb. 27.1 3:2:1 Abwehr gegen Angreiferüberzahl (7 gegen 6)

27.2 Siebener-Pass

Ziel
Spezifische Angreiferbewegungen mit langer Belastungsdauer.

Organisation
Pro Torkreis werden alle sechs Angreiferpositionen in einer 3:3-Formation besetzt. Bei beiden Außenangreifern steht eine Ballkiste (außerhalb des Spielfelds).

Ablauf
In der Grundübung wird unter hoher Geschwindigkeit folgende Passzirkulation gespielt: RM spielt zu LA (1), LA spielt zu RL (2), RL zu RM (3), RM zum entgegenlaufenden KM (4), KM zu RR (5), RR zu RA (6) und RA zu RM (7) und RM zu LA (7). Anschließend beginnt die Übung von vorne. Geht ein Ball verloren, bringen entweder LA oder RA einen neuen ins Spiel.

Variationen
- Einbau eine zweiten RM-Spielers mit dem Rücken zum gegenüberliegenden Tor: Sobald RL oder RR gepasst haben (siehe oben), spielen sie mit RM 2 einen Doppelpass.
- Einbau von Positionswechsel: Nach Pass Nr. 3 wechseln LA und RL die Position, nach Pass Nr. 5 RM und KM und nach Pass 1 RR und RA.
- Einbau einer Kreisläuferzirkulation: Auftakt wie bisher. Nach Pass 2 tauschen LA und KM die Plätze. RL spielt jetzt zu RR, dieser zu RM. Die Übung beginnt jetzt von rechts.

Skizze
(Siehe Abb. 27.2)

27.2 Siebener-Pass

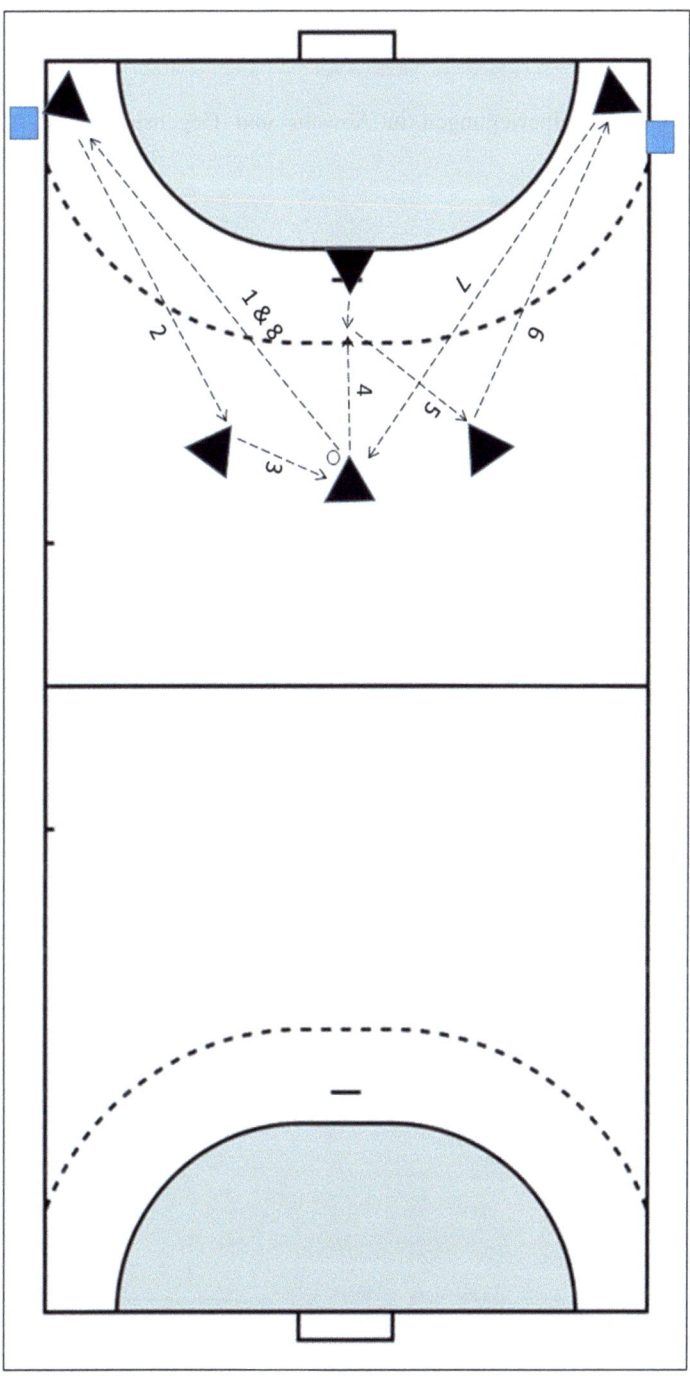

Abb. 27.2 Siebener-Pass

27.3 Umschaltspiel mit spezifischen Memory-Aufgaben

Ziel
Einhalten von Regelbewegungen in Abwehr und Gegenstoß unter Ausdauerbelastung.

Organisation
An einem Torkreis agieren die Verteidiger Halblinks (HL) und Halbrechts (HR) gegen 3 Angreifer (RL, RM, KM). Der Kreisläufer ist eher passiv. Zusätzlich steht eine weitere Angreifergruppe für den jeweils nächsten Durchgang bereit.

Ablauf
RL und RR spielen druckvolles Positionsspiel. Die beiden Verteidiger setzen konsequent die Regelbewegungen einer offensiven Abwehr gegen den Ballhalter und einer Sicherung gegen den Kreisläufer um. Nach einer vorgegebenen Mindestanzahl an Pässen wirft ein Angreifer aufs Tor. Anschließend agieren die Verteidiger konsequent als Torraumsicherung und dann als Umschaltspieler auf vorgegebenen Laufwegen (Außenspur). Nach Abschluss auf das Tor sprintet die Gruppe zurück und spielt den nächsten Durchlauf gegen Angreifergruppe 2.

Variationen
- Erweiterung zum 5 gegen 2, d. h., die Verteidiger müssen auch ihre Grundstellung bei Ballbesitz Außenangreifer abrufen. LA und RA selbst sind lediglich passive Zuspieler.
- Bei nicht erfolgreichem Gegenstoß erfolgt Sprint zur Mittellinie. Von dort wird ein zweiter Angriff („second service") mit neuem Ball (Ballkiste an Seitenlinie) gespielt.
- Bei nicht erfolgreichem Gegenstoß laufen die beiden Angreifer drei Mal entlang der Seitenlinie, während eine zweite Abwehrgruppe agiert. Danach erfolgt die zweite Wiederholung.

Skizze
(Siehe Abb. 27.3)

27.3 Umschaltspiel mit spezifischen Memory-Aufgaben

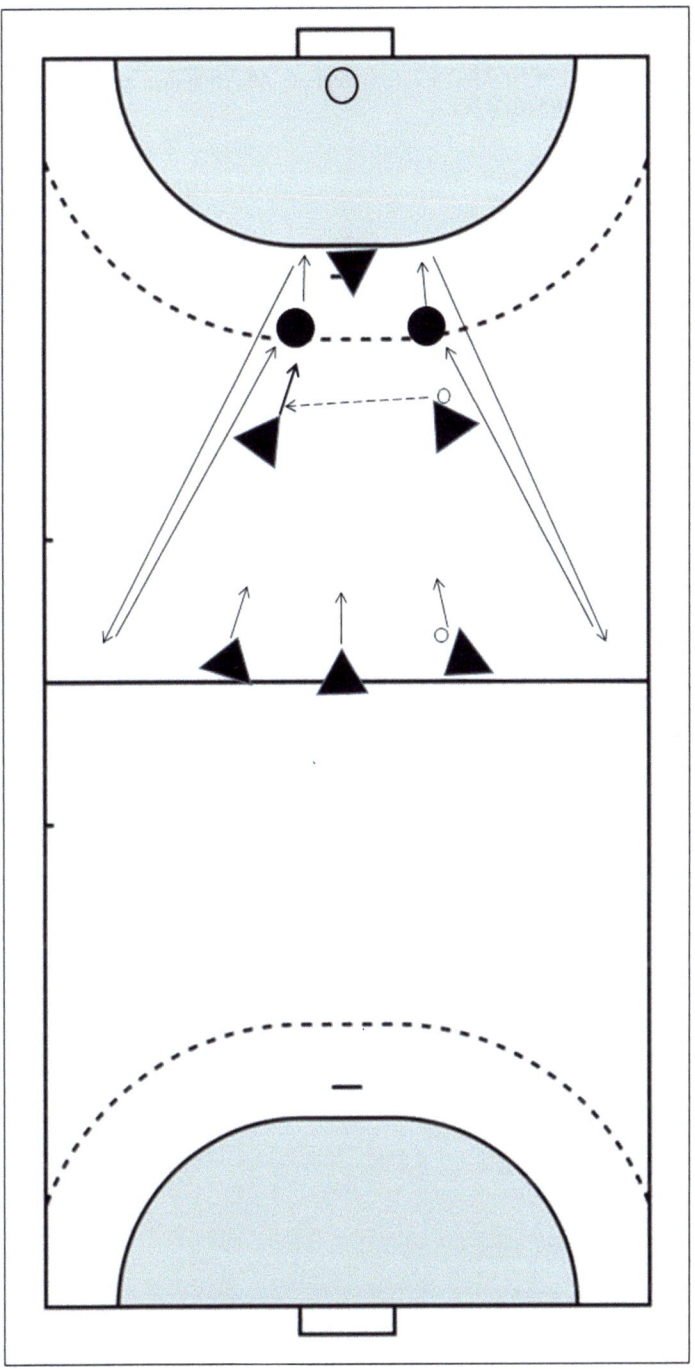

Abb. 27.3 Umschaltspiel mit Memory-Aufgaben

Literatur

Petersen, K.-D. (2005). 3:2:1-Abwehr – das zentrale Abwehrsystem in der DHB-Förderung. *Handballtraining, 27*(5+6), 4–12.

Arbeitsgedächtnis & Koordination 28

28.1 Passübungen mit Memoryaufgaben

Ziel
Abrufen von Passfolgen unter hohem Umschalt- und Situationsdruck.

Organisation
Einteilung des Teams in Dreiergruppen, Aufstellung erfolgt im Dreieck mit einem Abstand von 5 bis 6 m. Pro Gruppe werden mehrere Bälle benötigt.

Ablauf
Der Ball wird im Uhrzeigersinn im Bewegungsstoß gepasst. Der Trainer gibt sukzessive Memoryaufgaben: Hält der den Ball erwartende Spieler die Hände Richtung Boden, erfolgt ein Bodenpass. Hände auf dem Rücken bedeutet „nicht anspielbar", d. h., die Passrichtung wird gewechselt. Hat der ballerwartende Spieler die Hände oben, ist im Sprungpass zu spielen.

Variationen
- Memoryaufgaben auf Zuruf (Zahlen, Farben) vom Trainer für alle:
  - 1 = alle hinsetzen
  - 2 = alle führen einen Strecksprung aus
  - 3 = 10 s Skippings
- Memoryaufgaben durch Passvarianten der Spieler
  - Wurfhand variieren
  - Zuspiel per Fuß => Sprungwurf
  - Zuspiel per Einwurf => Körpertäuschung vor Pass

Skizze
(Siehe Abb. 28.1)

28.1 Passübungen mit Memoryaufgaben

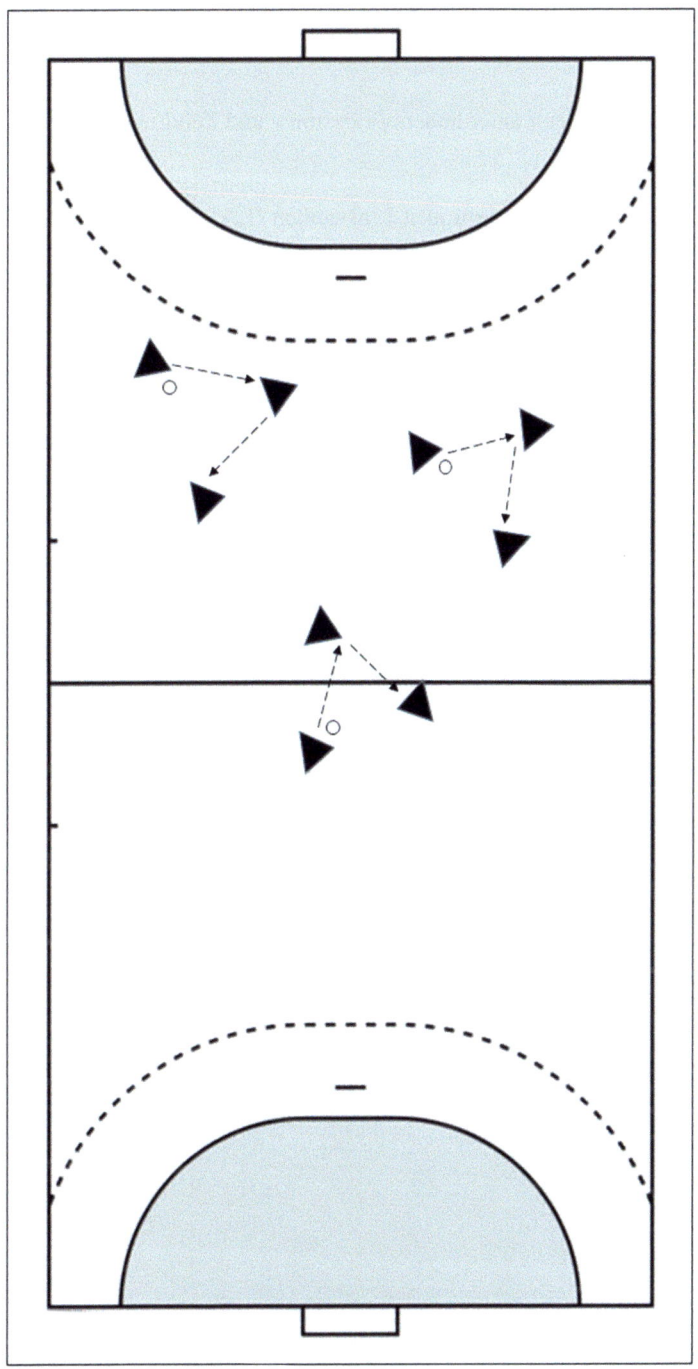

Abb. 28.1 Passübungen mit Memory-Aufgaben

28.2 Passstafetten (Späte, 1984)

Ziel
Abrufen von Passfolgen unter hohem Präzisions- und Zeitdruck.

Organisation
Pro Torkreis werden die Positionen Linksaußen (LA), Rückraum links (RL) und rechts (RR) sowie Kreis rechts (KR) besetzt. Analog kann dies auf der anderen Angriffsseite organisiert werden.

Ablauf
Der LA passt zu RL, der mit hohem Tempo abwechselnd zu KR bzw. RM weiterspielt. RM passt zu KR und KR spielt zu LA weiter. Von dort beginnt die Übung erneut. Wichtig: RL muss nach jeder Stoßbewegung rückwärts um das Hütchen laufen.

Variationen
- Einbau von Rückpässen und Pässen über 2 Stationen.
- Öffnen der Regel „Pass zum Kreis", d. h., RL und RR dürfen jetzt den Diagonalkreisläufer anspielen.
- Kreisläufer dürfen sich in begrenztem Raum bewegen.

Skizze
(Siehe Abb. 28.2).

28.2 Passstafetten (Späte, 1984)

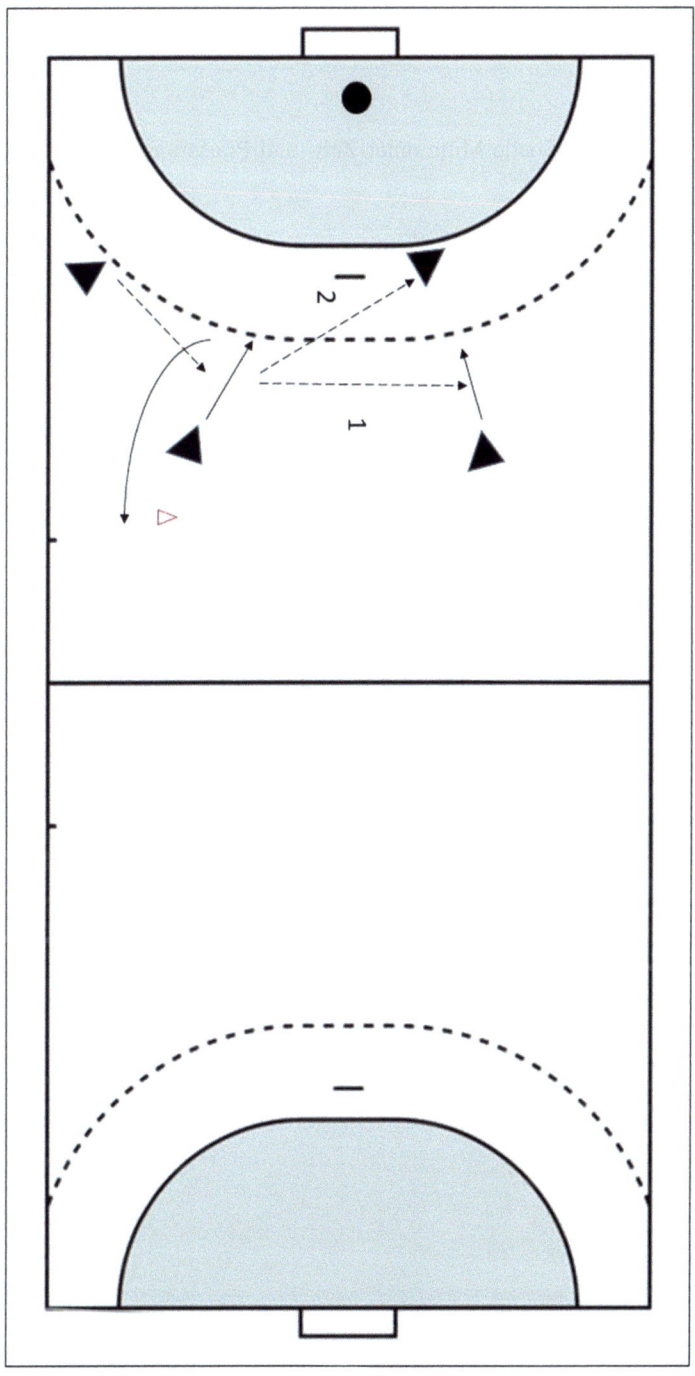

Abb. 28.2 Passstafetten

28.3 Überschlagspiel über das Querspielfeld (Molthahn, 2005)

Ziel
Transportpässe als Schnelle Mitte unter Zeit- und Präzisionsdruck mit Zusatzaufgaben.

Organisation
Je ein Torhüter steht in einem Stangentor an jeder Seitenlinie. Die Feldspieler bilden Zweiergruppen, die auf beiden Seiten neben den Toren stehen, um den TW nicht zu behindern. Die 7-m Linie gilt als Anspielzone für die Schnelle Mitte.

Ablauf
Team A eröffnet den Ablauf. A1 sprintet zur 7-m Linie, erhält den Ball vom TW, setzt einen Fuß darauf und spielt sofort zum kreuzenden A2. A2 läuft ein paar Schritte und spielt einen dosierten Aufsetzer gegen die Wand (Präzisionsdruck). TW 2 (steht mit dem Gesicht zur Wand) nimmt den abprallenden Ball auf und leitet so die nächste Schnelle Mitte mit Team B ein.

Variationen
- Einbau von Zielfeldern an der Wand (Erhöhung Präzisionsdruck).
- Erhöhung Zeitdruck durch Begrenzung der Zeit für Schnelle Mitte; Trainer kontrolliert mit der Stoppuhr.
- Erhöhung Situationsdrucks: Hinzunahme eines Abwehrspielers (Markierungshemd) auf jeder Seite.
- Erhöhung des Komplexitätsdrucks: Transfer auf reguläres Spielfeld. Torwarte müssen Bälle jetzt ganz schnell unter Kontrolle bringen.

Skizze
(Siehe Abb. 28.3)

28.3 Überschlagspiel über das Querspielfeld ...

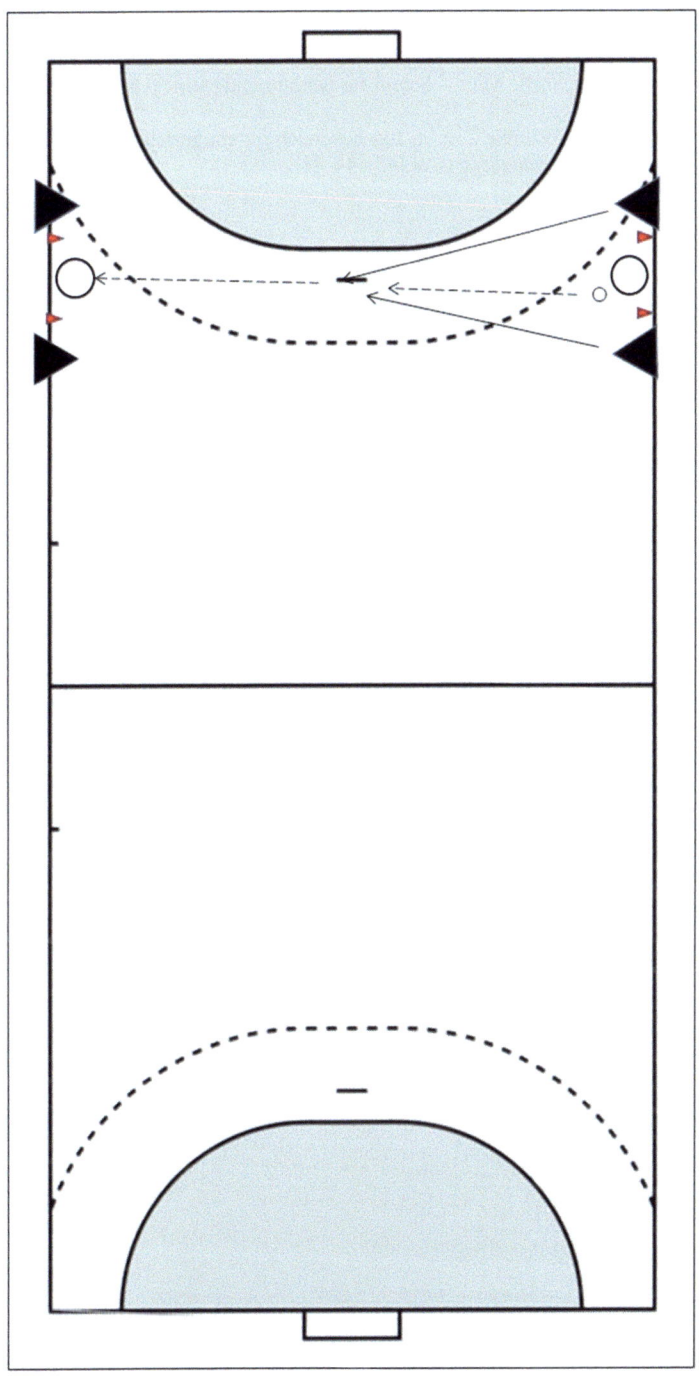

Abb. 28.3 Überschlagspiel quer

Literatur

Molthahn, D. (2005). Schnelle Mitte – Schritt für Schritt richtig lernen! *Handballtraining, 22*(8), 4–15.

Späte, D. (1984). Punktspielfreie Zeit im Jugendbereich für ein gezieltes Einzeltraining nutzen! *Lehre & Praxis des Handballspiels, 6*(4+5), 44–48.

Arbeitsgedächtnis & Kraft 29

29.1 Sprung- und Wurfkraftübung mit Memory-Aufgaben

Ziel
Wurftraining mit Realisierung von Zielvorgaben und Zusatzgewicht.

Organisation
Pro Torkreis werden die Positionen Linksaußen (LA), Rückraum Links (RL) und Rückraum Mitte (RM) besetzt. Analog kann dies auf der anderen Seite organisiert werden. RL trägt eine Gewichtsweste.

Ablauf
RL spielt einen Auftaktpass zu LA, der nach Täuschung und Stoßbewegung zurückpasst. RL nimmt den Rückpass an und führt einen Sprungwurf mit Zusatzgewicht (Gewichtsweste) aus. Während der Steigphase zeigt der Torhüter (TW) eine Zahl, die für eine bestimmte Torecke steht. RL wirft dorthin. Der zweite Durchgang wird mit Pass über RM eröffnet.

Variationen
- Statt Zahlen werden Farbkarten verwendet.
- TW zeigt die Diagonalecke an. Bsp.: TW zeigt nach rechts unten => Wurf erfolgt links oben.
- Kognitive Zusatzaufgabe durch Trainer: Nennt der Trainer (Mitspieler) vor Beginn eine ungerade Zahl, beginnt die Übung über Außen, gerade Zahl bedeutet Pass zu RM. Alternativ mit Farbkarten.

Skizze
(Siehe Abb. 29.1)

29.1 Sprung- und Wurfkraftübung mit Memory-Aufgaben

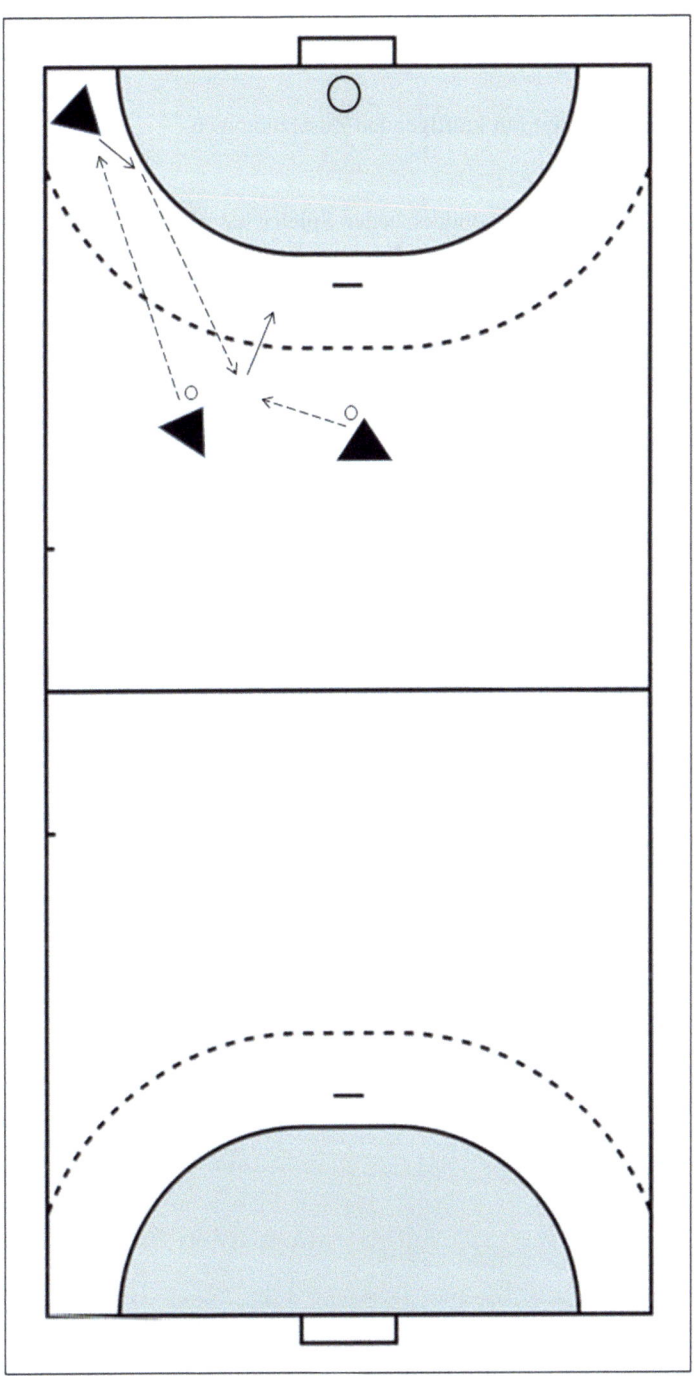

Abb. 29.1 Sprung- und Wurfkraftübung mit Memory-Aufgaben

29.2 „Kräftigender" Platztausch mit Memoryaufgaben

Ziel
Training der Beinarbeit mit kräftigenden Zusatzübungen.

Organisation
Es werden Zweiergruppen gebildet; jeder Spieler hat einen Ball. Die Aufstellung erfolgt wie in Abb. 22.3 dargestellt. Wichtig: Beide Spieler prellen mit der äußeren Hand

Ablauf
Beide Spieler führen auf der Stelle beidbeinige Sprünge aus und prellen simultan. Auf Zeichen eines Spielers („Hopp") tauschen sie ohne Ball die Plätze und prellen mit dem Ball des anderen weiter. Zur Schulung des Arbeitsgedächtnisses werden zeitnah drei (oder auch weitere) alternative Aufgabenstellungen festgelegt:

- Rot = Platztausch
- Blau = Platztausch plus ganze Drehung
- Grün = Platztausch plus Abklatschen Partner in der Mitte

Variationen
- Farbensignal werden durch Zahlen oder Symbolwörter ersetzt.
- Platztausch erfolgt mit Steppbewegungen oder anderen Lauftechniken.
- Pro Spieler kommt ein zweiter Ball hinzu, der „mitgenommen" wird.

Skizze
(Siehe Abb. 29.2)

29.2 „Kräftigender" Platztausch mit Memoryaufgaben

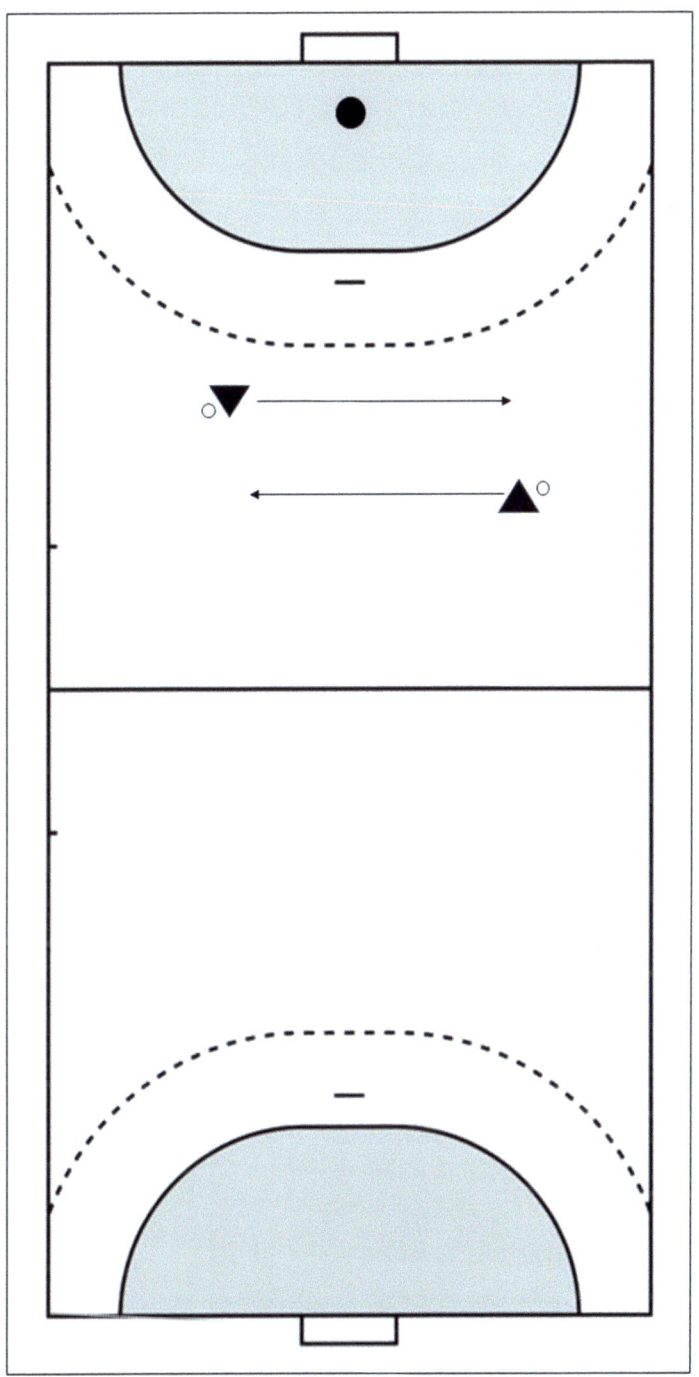

Abb. 29.2 Platztausch mit Memory-Aufgaben

MIX
Papier aus verantwortungsvollen Quellen
Paper from responsible sources
FSC® C105338

If you have any concerns about our products,
you can contact us on
ProductSafety@springernature.com

In case Publisher is established outside the EU,
the EU authorized representative is:
**Springer Nature Customer Service Center GmbH
Europaplatz 3, 69115 Heidelberg, Germany**

Printed by Libri Plureos GmbH
in Hamburg, Germany